O CAMINHO DO

XAMÃ

XAMÃ

MICHAEL HARNER

O CAMINHO
DO XAMÃ

TRADUÇÃO:
HENRIQUE GUERRA

UM GUIA
DE PODER
E CURA

goya

O CAMINHO DO XAMÃ

TÍTULO ORIGINAL:
The Way of the Shaman

COPIDESQUE:
Isabela Talarico

REVISÃO:
Aline Rocha
Ubiratan Bueno

REVISÃO TÉCNICA:
Wagner Frota

COORDENAÇÃO:
Luciane H. Gomide

DIREÇÃO EXECUTIVA:
Betty Fromer

DIREÇÃO EDITORIAL:
Adriano Fromer Piazzi

PUBLISHER:
Luara França

EDITORIAL:
Andréa Bergamaschi
Caíque Gomes
Débora Dutra Vieira
Juliana Brandt
Luiza Araujo
Tiago Lyra

ILUSTRAÇÃO DE CAPA:
Wagner Willian

CAPA:
Pedro Fracchetta

PROJETO GRÁFICO E DIAGRAMAÇÃO:
Desenho Editorial

COMUNICAÇÃO:
Giovanna de Lima Cunha
Júlia Forbes
Maria Clara Villas

COMERCIAL:
Giovani das Graças
Gustavo Mendonça
Lidiana Pessoa
Roberta Saraiva

FINANCEIRO:
Helena Telesca

COPYRIGHT © MICHAEL HARNER, 1980, 1990.
COPYRIGHT © EDITORA ALEPH, 2023
(EDIÇÃO EM LÍNGUA PORTUGUESA PARA O BRASIL)

Todos os direitos reservados.
Proibida a reprodução, no todo ou em parte, através de quaisquer meios.

O caminho xamânico para a cura apresentado neste livro não deve ser considerado um método exclusivo para resolver problemas médicos. Deve ser encarado como um complemento ao tratamento médico ou psicológico ortodoxo, a menos que exista alguma contraindicação médica.

goya
é um selo da Editora Aleph Ltda.

Rua Tabapuã, 81, cj. 134
04533-010 – São Paulo – SP – Brasil
Tel.: [55 11] 3743-3202
www.editoraaleph.com.br

DADOS INTERNACIONAIS DE CATALOGAÇÃO NA PUBLICAÇÃO (CIP) DE ACORDO COM ISBD

H289c   Harner, Michael
O caminho do xamã: um guia de poder e cura / Michael Harner ; traduzido por Henrique Guerra. - São Paulo : Goya, 2023.
248 p. ; 16cm x 23cm.

Tradução de: The way of the shaman
Inclui índice e bibliografia.
ISBN: 978-85-7657-548-1

1. Xamanismo. 2. Cura mental. 3. Esoterismo. I. Guerra, Henrique.
II. Título.

2023-182
CDD 201.44
CDU 291.612

ELABORADO POR OLIDIO HILARIO MOREIRA JUNIOR - CRB-8/9949

ÍNDICES PARA CATÁLOGO SISTEMÁTICO:
1. Xamanismo 201.44
2. Xamanismo 291.6122

Para Sandra, Terry e Jim.

SUMÁRIO

Apresentação 9
Prefácio à nova edição 19
Introdução 25

Capítulo 1: Descobrir o caminho 35
Capítulo 2: Jornada xamânica: primeiros passos . . . 59
Capítulo 3: Xamanismo e estados de consciência . . 83
Capítulo 4: Animais de poder 103
Capítulo 5: Jornada para restaurar o poder 119
Capítulo 6: Exercitar o poder 149
Capítulo 7: Extrair intrusões nocivas 171

Posfácio 197
Apêndice A: Tambores, CDs de
música e oficinas de treinamento 205
Apêndice B: O jogo da mão dos indígenas flathead . . 211
Notas 217

Referências do prefácio 225
Bibliografia 227
Índice remissivo 237
Agradecimentos 245
Sobre o autor 247

APRESENTAÇÃO

Procure voar além da mente e tocar aquela parte de você que o conduziu para a leitura deste livro.

Estou me referindo à necessidade de buscar a expansão da sua consciência, seu Espaço Sagrado, em que você se reconhece como um ser universal, que pede por clareza, que precisa transformar a própria vida e conhecer a missão de sua alma.

O xamanismo é a magia natural, uma abordagem que a sociedade nos suprimiu. É a busca tradicional do autoconhecimento, da cura e do poder pessoal. Sua prática possibilita voar na consciência individual e coletiva, onde você sente as manifestações espirituais da natureza e de toda a Criação Divina.

Quando eu tinha apenas 11 anos de idade, sonhei com um enorme pássaro de formas brilhantes douradas, aos pés da minha cama. Acordei e continuei a ver o pássaro! Mal conseguia respirar até que ele ergueu as asas como se fosse levantar voo. Então me pus a gritar com vontade, acordando a casa inteira e vendo o pássaro se desintegrar, aos poucos. Desde menino tenho visões, mas aquela ficou bem marcada.

Por herança familiar eu era espírita, umbandista, e cresci sempre buscando por caminhos "extraordinários", de autoconhecimento e cura para os semelhantes, em diversas linhas espirituais, esotéricas e terapêuticas.

No final dos anos 1980, chegou às minhas mãos o livro *O caminho do xamã* de Michael Harner. Naquela época, eu fazia atendimentos de acupuntura e massagem oriental no espaço holístico A Casa das Tradições e era ativista do movimento da nova era. Com a leitura do livro comecei a compreender melhor o significado da minha busca.

Em 1991 tomei *ayahuasca* (Santo Daime) pela primeira vez, inaugurando uma fase em que comecei a juntar tudo o que tinha aprendido em uma única linguagem. Na época, eu era gerente de *marketing* regional de uma grande multinacional durante o dia, e à noite me transformava em terapeuta.

Pude compreender nas minhas visões (mirações) que aquele pássaro de meus sonhos de criança era uma águia, meu animal guardião, e que eu estava sendo iniciado no universo da magia natural, na prática espiritual mais arcaica deste mundo, o xamanismo.

A partir daí me entreguei para os estudos que mudaram o meu trabalho, a minha vida e principalmente minha forma de perceber, sentir e viver. Tive diferentes instrutores, fiz várias viagens iniciáticas, passei por muitas experiências com plantas de poder e por muitas cerimônias e rituais, em que recebi bênçãos e curas.

O xamanismo vem crescendo, devido às carências do sistema em que vivemos. A falta de sentido de pertencimento, a ausência de rituais, o distanciamento da natureza e de si mesmo impulsionaram essa busca crescente pelas práticas ancestrais nos últimos anos.

O entendimento de que "tudo é sagrado" permite-nos entrar na corrente universal da beleza, da paz, do amor incondicional, da saúde do corpo e da mente. A premissa básica é o reconhecimento de que todos fazemos parte de uma "família universal" e tudo está interligado.

O praticante reconhece sua essência e compreende seu relacionamento com a natureza, todos os seres, estabelecendo uma verdadeira caminhada dentro de si mesmo.

Aprendemos com a jornada da humanidade através dos tempos e a respeitar os mais velhos por sua sabedoria e os jovens pela força e renovação. O xamanismo é uma realidade, testemunhei curas, transformações, evolução e um novo sentido de viver. É um movimento que cresce a cada dia no mundo todo.

As raízes do xamanismo são arcaicas e alguns antropólogos chegam a pensar que elas remontam até quase tão longe quanto a própria consciência humana. As origens do xamanismo datam de 40 mil a 50 mil anos, na Idade da Pedra. Antropólogos têm estudado o xamanismo nas Américas do Norte, Central e do Sul. Também na África, entre os povos aborígenes da Austrália, os esquimós, na Indonésia, na Malásia, no Senegal, na Patagônia, na Sibéria, em Bali, na velha Inglaterra, ao redor da Europa e no Tibete, onde o xamanismo segue a linha do budismo tibetano. Seus traços estão presentes nas grandes religiões.

Gosto de trabalhar o conceito de xamanismo universal, unindo o xamanismo tradicional e o neoxamanismo em um só movimento para uma nova consciência. Dessa forma, estabelecemos conexões entre os conhecimentos esotéricos do Oriente e do Ocidente, evitando a xenofobia dos povos do passado e a banalização de alguns movimentos da atualidade.

Esse novo xamanismo nos inspira a cultivarmos relacionamentos amorosos, desenvolvermos a generosidade com o próximo, com o planeta e com todas as criaturas.

Que sejamos mais pacíficos, mais criativos, tenhamos mais compaixão, pratiquemos mais o perdão e sejamos gratos por nossas conquistas.

Para uma nova consciência, precisamos integrar a nossa humanidade com a espiritualidade e aprender a viver em equilíbrio com nossos quatro aspectos: o mental, o espiritual, o físico e o emocional.

É preciso compreendermos que existe um coletivo, uma mente universal e que estamos todos interligados. Estamos diante do grande desafio de tecer teias que integrem a realidade ecológica com nossa vida.

A "obra da criação" perpetua-se pelos seres humanos. A cada dia criamos um mundo novo, por meio de pensamentos, palavras e atos. O que estivermos fazendo à Terra, estaremos fazendo a nós mesmos e às gerações futuras. Respeitar a Terra é respeitar o seu

Criador. Quando sentirmos a religação entre todas as coisas, compreenderemos como tudo está conectado.

Estamos em outro patamar histórico. Não podemos negar o desenvolvimento da mente humana, das terapias, da ciência e, de outro lado, as técnicas empregadas pelos nossos ancestrais que tanto conhecimento trouxeram à humanidade.

Estamos vivendo a possibilidade de uma "ressacralização da consciência" para enfrentar os males da alma humana, reintegrar o homem à natureza, evitar catástrofes ecológicas, melhorar nossa qualidade de vida.

Meu estudo propõe um "xamanismo aplicado", ou seja, algo que você possa viver no dia a dia. De nada adianta o praticante viver um fim de semana na natureza, realizando determinadas práticas, se não consegue aplicá-las na vida, se não causa transformações no modo de pensar e de agir.

Fazendo conexões entre os conhecimentos espirituais do Oriente e do Ocidente, da terapia à pajelança, do paganismo à ética cristã, o xamanismo universal é um caminho alternativo. Um xamanismo aplicado ao novo milênio, em que as práticas arcaicas e atuais interagem entre si e se respeitam.

Desde 1990 levanto a bandeira do xamanismo universal, em que são possíveis as alianças espirituais entre os diversos sistemas de crenças, com base em minha experiência e em meu aprendizado sobre o xamanismo tradicional com instrutores nativos, erveiros, padrinhos e mirações da doutrina Santo Daime e sobre o neoxamanismo, com o legado das inspirações de Michael Harner.

Michael Harner é considerado o grande pioneiro do renascimento xamânico. O seu legado será eternizado por todos nós, estudantes e praticantes de xamanismo. Ele tornou o xamanismo acessível para aqueles que sentiram "o chamado", forneceu ferramentas básicas, criadas por meio de seu estudo com diferentes tradições indígenas.

Harner iniciou a jornada pessoal no xamanismo em 1956-1960 trabalhando como antropólogo entre os povos Shuar (Jívaro) e Conibo da Amazônia, com os quais teve as primeiras experiências com plantas de poder, como a ayahuasca, entre outras substâncias psi-

APRESENTAÇÃO

codélicas. Com os shipibo-conibo na Amazônia peruana teve uma experiência que mudaria a forma e a direção de sua vida.

Depois de décadas estudando e ensinando xamanismo, no final dos anos 1980 criou com a esposa Sandra Harner a Foundation for Shamanic Studies, onde ensinavam métodos xamânicos de percussão, visualização e outras técnicas de expansão da consciência.

Mesmo sem conhecer pessoalmente Michael Harner, posso afirmar, resgatando o padre Antonio Vieira, que o livro *O caminho do xamã* foi o meu primeiro "mestre mudo" do xamanismo:

> São os livros os mestres mudos que ensinam sem fastio, falam a verdade sem respeito, repreendem sem pejo, amigos verdadeiros, conselheiros singelos; e assim como à força de tratar com pessoas honestas e virtuosas se adquirem, insensivelmente, os seus hábitos e costumes, também à força de ler os livros se aprende a doutrina que eles ensinam.

O livro *O caminho do xamã* tornou-se um clássico, um guia essencial para o estudioso e praticante de xamanismo, trazendo uma descrição de práticas xamânicas curativas, um manual para o iniciante que deseja experimentar experiências xamânicas básicas. Embora tenha dado instruções para experimentar os princípios xamânicos básicos, Harner sempre defendeu claramente que qualquer exploração real ocorra sob a tutela de um xamã experiente.

SAGRADO
(Canção canalizada)

Pra iluminar nosso caminho
É preciso ir buscar
A Deus do Céu que é soberano
Eterna Fonte Criadora

A pura Luz do Amor Divino
Que está dentro de nós

Saber que existe uma família
No mundo Celestial

Que a Terra é a nossa mãe
Que nos nutre e nos sustenta
Nos recebe a cada vida
E acolhe a carne em cada morte

Fazemos parte da família
Da verdade universal

Tem o avô Sol e a avó Lua
O Oceano e Florestas
Montanhas, Rios e Cachoeiras
A todos devemos honrar

Todas as formas de beleza
É preciso respeitar
Em todas formas de vida
Em cada uma há uma missão
E todas juntas formam o Todo
Todas as nossas relações

O importante na missão
É saber quem você é

Por que você está aqui
Aonde você tem que ir
Agora mesmo onde está
E o que precisa pra chegar

Eis o caminho sagrado
Que quero lhe apresentar

Saiba que tudo é sagrado

APRESENTAÇÃO

Onde há vida está Deus
Desde um inseto ou rastejante
Até os queridos seus

O Vento, a Água, a Terra e o Fogo
Eu venho agora invocar

O Vento traz sabedoria
Na Água fluem as emoções
A Terra dá a intuição
Fogo Luz Espiritual

Força do Raio e Trovão
No firmamento a anunciar

Que o poder está em nós
Poder pra tudo transformar
Pra receber este Poder
É preciso se ligar

Se ligar com seu espírito
Sua essência divinal

Saber que existe um coletivo
Uma mente universal
Purificando o pensamento
Não pensando nenhum mal

Eu tenho a Força, eu sinto a Força
Dentro deste ritual

E a esta Força eu agradeço
E a este mundo do Astral
E a vós eu mando meu Amor
Que é minha Força principal

Dou viva a Deus-Pai-Mãe e Filho
Viva irmão, minha irmã

Dou viva a todos os três reinos
O Animal e o Mineral
Vegetal e a mim mesmo
Seres do Reino elemental.

Sabemos que a melhor maneira de agradar ao Criador é respeitando, honrando e preservando a sua Criação.

A Terra é um ser vivo. A Mãe que alimenta todas as criaturas.

Que esta corrente de consciência se expanda, para que possamos influenciar na paz os líderes e governantes deste planeta, procurando plantar uma semente de amor no coração das pessoas.

Convido você que busca a si próprio a voarmos juntos por Caminhos Sagrados.

LÉO ARTESE
Estudioso de xamanismo e proprietário e editor do site
www.xamanismo.com.br

Curandeiros aborígenes, longe de serem patifes, charlatães ou ignorantes, são pessoas de alto nível; ou seja, alcançaram um patamar na vida secreta além do alcançado pela maioria das pessoas adultas – um passo que implica disciplina, treinamento mental, coragem e perseverança... são pessoas de personalidade respeitada e, muitas vezes, notável... têm imenso significado social, e a saúde psicológica da comunidade depende, em grande parte, da fé em seus poderes... os vários poderes psíquicos que lhes são atribuídos não devem ser descartados assim tão prontamente como mera magia primitiva e faz de conta, pois muitos se especializaram no funcionamento da mente humana e na influência da mente sobre o corpo e da mente sobre a mente.

— **Trecho retirado de *Aboriginal Men of High Degree*, obra do falecido antropólogo australiano A. P. Elkin (1945, p. 78-79)**

PREFÁCIO À NOVA EDIÇÃO

Uma década se passou desde a edição original deste livro,[1] dez anos realmente notáveis para o renascimento xamânico. Antes disso, mundo afora, o xamanismo se esvaía rápido, à medida que missionários, colonizadores, governos e interesses comerciais subjugavam os povos tribais e suas culturas antigas. Ao longo dessa última década, no entanto, o xamanismo retornou à vida humana com força surpreendente, até mesmo em redutos urbanos da "civilização" ocidental, como Nova York e Viena. Esse ressurgimento aflorou tão sutilmente que é bem provável que a maioria do público não saiba da existência do xamanismo, muito menos esteja consciente de seu retorno. Outro público, porém, cresce velozmente e agora compreende milhares de pessoas nos Estados Unidos e no mundo afora – gente que adotou o xamanismo e o tornou parte da vida pessoal diária.[2]

A volta do xamanismo provocou perplexidade em muitos observadores externos ao movimento. Por isso, gostaria de citar alguns dos fatores que contribuem para essa renascença. Uma razão para o crescente interesse no xamanismo é que muitas pessoas instruídas e pensantes deixaram para trás a Era da Fé. Elas já não confiam mais na capacidade de autoridades e dogmas eclesiásticos de lhes abastecer com evidências adequadas sobre os domínios espirituais ou, de fato, com evidências da própria existência dos espíritos. Relatos de segunda ou terceira mão em textos de religiões concorrentes, ligados à cultura de outros tempos e lugares, não mais fornecem paradigmas convincentes para sua existência pessoal. Essas pessoas exigem padrões mais elevados de evidências.

Em parte, a "Nova Era" é um desdobramento da Era da Ciência, trazendo à vida pessoal as consequências paradigmáticas de dois séculos de aplicação com seriedade do método científico. Esses filhos da Era da Ciência, eu incluso, preferem chegar em primeira mão, experimentalmente, às próprias conclusões sobre a natureza e os limites da realidade. O xamanismo fornece um caminho para conduzir esses experimentos pessoais, pois é uma metodologia, não uma religião.

A Era da Ciência produziu o LSD, e muitos que chegaram ao xamanismo já haviam conduzido "experimentos", ainda que informais, envolvendo "viagens" sob efeito de drogas psicodélicas, mas descobriram que não tinham um arcabouço nem uma disciplina para situar suas experiências. Nos livros de Castaneda e outros autores, buscaram um guia que pudesse iluminar suas experiências e sentiram que a cartografia secreta residia no xamanismo.

A Era da Ciência também produziu a EQM (Experiência de Quase Morte) em larga escala. Novos níveis de tecnologia médica permitiram que milhões de pessoas nos Estados Unidos fossem revividas a partir de um estado de morte clinicamente definido. As experiências de quase morte, embora não planejadas, também se revelaram experimentos pessoais que testaram (e comumente mudaram) as pressuposições anteriores de sobreviventes da EQM sobre a realidade e a existência do espírito. Essas pessoas também buscaram mapas, e muitas delas se debruçaram sobre os antigos métodos xamânicos nessa procura.

Os métodos xamânicos exigem disciplina moderada, com foco e concentração. O xamanismo contemporâneo, como na maioria das culturas tribais, utiliza sons percussivos monótonos para entrar em estado alterado de consciência. Esse método clássico e livre de drogas é extraordinariamente seguro. Se os praticantes não mantiverem o foco e a disciplina, simplesmente retornam ao estado comum de consciência. Não há um período predeterminado de estado alterado de consciência, do tipo que tenderia a ocorrer com as drogas psicodélicas.

Ao mesmo tempo, os métodos xamânicos clássicos funcionam com rapidez surpreendente. Em poucas horas, a maioria das pessoas vivencia experiências que demorariam anos para vivenciar com meditações, orações e cantos silenciosos. Essa rapidez de resultados torna o xamanismo ideal para a vida contemporânea das pessoas ocupadas, assim como era adequado, por exemplo, ao povo esquimó (inuítes), cujos dias eram dedicados à luta pela sobrevivência, mas cujas noites podiam ser devotadas para o xamanismo.

Outro fator presente no retorno do xamanismo é o recente desenvolvimento de abordagens holísticas no campo da saúde, ou seja, a utilização da mente, de modo ativo, para ajudar na cura e na manutenção do bem-estar. No campo da saúde holística, muitas práticas da Nova Era representam a redescoberta, por meio de experimentação recente, de métodos antigos, amplamente conhecidos nas práticas tribais e populares. O xamanismo é um sistema que incorpora boa parte desses velhos conhecimentos. Por isso, cada vez mais ele recebe atenção de quem busca novas soluções para problemas de saúde, sejam de natureza física, mental ou emocional.[3] Técnicas específicas há muito usadas no xamanismo (alteração no estado de consciência, redução do estresse, visualização, pensamento positivo e auxílio de fontes incomuns) são algumas das abordagens hoje amplamente empregadas nas práticas holísticas contemporâneas.

Atualmente, outro grande motivo para a atração exercida pelo xamanismo é o vínculo com a ecologia espiritual. Em tempos de crise ambiental no mundo todo, o xamanismo fornece algo que basicamente está faltando nas "grandes" religiões antropocêntricas: a reverência e a comunicação espiritual com os outros seres da Terra e com o próprio planeta. No xamanismo, isso não é simples adoração à Natureza, mas uma comunicação espiritual bidirecional que ressuscita as conexões perdidas que nossos ancestrais humanos cultivavam com o incrível poder espiritual e com a beleza desse nosso jardim chamado Terra. Os xamãs, como salienta o renomado estudioso do xamanismo e de religião comparada, o romeno Mircea Eliade, são os últimos humanos capazes de conversar com os animais.[4] Na verdade, eu acrescentaria que são os últimos humanos capazes de falar com toda a Natureza, incluindo plantas, riachos, ar e rochas. Nossos ancestrais caçadores-coletores reconheciam que seu ambiente detinha o poder da vida e da morte sobre eles; consideravam essa comunicação essencial para sua sobrevivência.

Nos dias de hoje, também estamos começando a reconhecer o poder de vida e morte que o nosso ambiente exerce sobre nós. Com a destruição imprudente e impiedosa de outras espécies, da qualidade do ar, da água e da própria Terra, agora estamos, paulatinamente, retomando a consciência de que a derradeira sobrevivência de nossa espécie depende do respeito ao meio ambiente. Mas respeitar apenas é insuficiente. Precisamos nos comunicar íntima e afetuosamente com "tudo com que temos parentesco", como diria o povo indígena lakota. Precisamos falar não só com o povo humano, mas também com o povo animal, o povo vegetal e com todos os elementos do meio ambiente, incluindo solo, rochas e água. De fato, sob o prisma xamânico, nosso entorno não é "ambiente", mas família.

De Zurique a Auckland, de Chicago a São Paulo, hoje os humanos estão voltando a trilhar o antigo caminho do xamã, muitas vezes em círculos de tambores ou grupos que se reúnem frequentemente para práticas e trabalhos de cura. Esses grupos são autônomos – trabalham, como os xamãs, desde tempos imemoriais, em suas pequenas comunidades, de modo independente, para aprender, ajudar a si mesmos e ajudar os outros. E agora essas comunidades informais fazem parte de uma comunidade maior, realmente internacional, mas sem hierarquia ou dogma, pois as autoridades espirituais, como nos tempos tribais, são encontradas diretamente na realidade incomum, por meio de cada viajante xamânico individual.

Em geral, os círculos de tambores xamânicos, compostos de três a doze pessoas, se reúnem com frequência semanal ou quinzenal, à noite, alternando funções de liderança e percussão. Trabalhando em conjunto, os participantes não só tocam os tambores ao vivo, mas também se envolvem em trabalhos xamânicos para auxiliar uns aos outros, bem como a amigos e parentes. Ao fazer um trabalho de cura para outros, o grupo atua gratuitamente, como um serviço espiritual.

Muitas outras pessoas trabalham primordialmente sozinhas, fora dos grupos de tambores xamânicos, usando fones de ouvido e música instrumental feita para jornadas xamânicas, disponível em várias mídias. Quando empregadas corretamente, essas coletâneas de faixas com tambores xamânicos têm uma eficácia surpreendente (ver Apêndice A). Junto com outros recursos tecnológicos e metodológicos, essas gravações em CDs e outras mídias também são aplicadas em um sistema de resolução de problemas, chamado "aconselhamento xamânico".[5]

Utilizando os métodos essenciais ou fundamentais do xamanismo enfatizados neste livro e em minhas oficinas de treinamento xamânico, esses novos praticantes não estão "brincando de índio", mas acessando as mesmas e reveladoras fontes espirituais descobertas pelos xamãs tribais em tempos remotos. Não fingem ser xamãs; se obtiverem resultados xamânicos para si e para os outros nesse trabalho, são xamãs por merecimento próprio. Suas experiências são autênticas e, quando descritas, essencialmente intercambiáveis com os relatos de xamãs de culturas tribais não alfabetizadas. O trabalho xamânico é igual; a mente, o coração e o corpo humanos são iguais; só as culturas são diferentes.

Em suas práticas xamânicas, perceberam uma coisa: o que a maioria das pessoas descreve como "realidade" mal toca a grandeza, o poder e o mistério do universo. Muitas vezes, os novos xamãs choram lágrimas de êxtase ao vivenciar e relatar suas experiências. Com mútua compreensão, falam com gente que passou por experiências de quase morte – e onde outros só enxergam a desesperança, eles vislumbram a esperança.

Tendem a se transformar enquanto descobrem a incrível segurança e o amor de um universo normalmente oculto. O amor cósmico que encontram repetidamente em sua jornada se expressa, cada vez mais, em seu cotidiano. Estão sós, mas não solitários: sabem que nunca estamos realmente isolados. Compartilham da percepção dos xamãs siberianos: "Tudo o que existe, vive!". Seja lá onde for, estão cercados pela vida, pela família. Retornaram à comunidade eterna do xamã, sem os limites de espaço e tempo.

MICHAEL HARNER
Norwalk, Connecticut
Primavera de 1990

INTRODUÇÃO

Os xamãs – a quem nós, no mundo dito "civilizado", chamamos de "curandeiros" e "pajés" – são os guardiões de um notável conjunto de técnicas antigas que aplicam para alcançar e manter o bem-estar e a cura para si mesmos e os membros de suas comunidades. Mundo afora, esses métodos xamânicos são surpreendentemente semelhantes, mesmo em povos cujas culturas são muito distintas em outros aspectos, separados por oceanos e continentes há dezenas de milhares de anos.

Esses assim chamados "povos primitivos" careciam de nosso nível avançado de tecnologia médica. Tinham, portanto, excelentes motivos para desenvolver as capacidades mentais, não tecnológicas, para a saúde e a cura. A uniformidade básica dos métodos xamânicos sugere que, por tentativa e erro, diferentes povos chegaram às mesmas conclusões.

A grande aventura mental e emocional do xamanismo envolve intimamente o paciente e o xamã-curandeiro. Por meio de sua jornada e de seus esforços heroicos, o xamã leva os pacientes a transcender suas definições normais e comuns da realidade, incluindo até a definição de si próprios como doentes. O xamã mostra a seus pacientes que não estão emocional e espiritualmente sozinhos na luta contra a doença e a morte. O xamã compartilha seus poderes especiais e convence seus pacientes, em um nível profundo de consciência, de que outro ser humano está disposto a oferecer seu próprio "eu" para ajudá-los. O autossacrifício do xamã exige de seus pacientes um compromisso emocional equivalente, um senso de obrigação para lutarem ao lado do xamã a fim de salvar a si mesmos. O cuidado e a cura andam de mãos dadas.

Hoje estamos descobrindo que até mesmo os quase milagres da medicina ocidental moderna nem sempre são, por si sós, adequados para resolver por completo todos os problemas de quem está doente ou deseja evitar a doença. Cada vez mais os profissionais de saúde e seus pacientes buscam métodos complementares de cura. Por outro lado, muitos indivíduos saudáveis também estão envolvidos em experimentação pessoal para descobrir abordagens alternativas e viáveis para alcançar o bem-estar. Muitas vezes, nessa experimentação, é difícil para o leigo – e inclusive para o profissional de saúde – distinguir o que é enganoso do que é eficaz. Comparativamente, os antigos métodos de xamanismo já passaram pelo teste do tempo; na verdade, foram testados por um tempo incomensuravelmente mais longo do que, por exemplo, a psicanálise e um leque de outras técnicas psicoterapêuticas. Um dos propósitos deste livro é ajudar os ocidentais contemporâneos, pela primeira vez, a utilizar esses conhecimentos em benefício próprio, em sua busca para complementar as abordagens da medicina tecnológica moderna.

Empregando os métodos descritos neste livro, você terá a oportunidade de adquirir a experiência do poder xamânico, bem como de ajudar a si mesmo e aos outros. Em minhas oficinas de treinamento sobre poder e cura xamânicos na América do Norte e na Europa, alunos mostraram repetidas vezes que a maioria dos ocidentais se inicia facilmente nos fundamentos da prática xamânica. O velho caminho é tão poderoso e toca a mente humana de modo tão profundo que os habituais sistemas de crenças culturais e pressupostos sobre a realidade são, em essência, irrelevantes.

Alguém há de questionar: será possível aprender o xamanismo por meio das páginas de um livro? Até certo ponto, a pergunta é válida; em última análise, os conhecimentos xamânicos só são obtidos pela experiência individual. Porém, antes de utilizar os métodos, é preciso aprendê-los. Essa aprendizagem é feita de várias maneiras. Por exemplo, a tribo dos shipibo-conibo do Alto Amazonas considera que vale mais "aprender com as árvores" do que aprender com outro xamã. Na Sibéria aborígene, experiências de morte/renascimento costumavam ser fontes importantes de conhecimentos xamânicos. Em certas culturas pré-históricas (sem linguagem escrita), as pessoas respondem espontaneamente ao "chamado" do xamanismo sem qualquer treinamento formal, enquanto em outras culturas as pessoas treinam sob a orientação de um xamã praticante em períodos de um dia até cinco anos ou mais.

Na cultura ocidental, a maioria das pessoas jamais conhecerá um xamã, muito menos vai ser instruída por um. Contudo, a nossa cultura tem a linguagem escrita; por isso, para aprender, você não precisa fazer uma oficina como aprendiz; um guia escrito fornece as informações metodológicas essenciais. No início até soa estranho aprender técnicas xamânicas básicas lendo um livro, mas tenha persistência. Suas experiências xamânicas vão revelar o quanto são valorosas. Claro: como em outros campos de aprendizagem, trabalhar em primeira mão com um profissional é enriquecedor. Aqueles que desejam essa experiência têm como participar de oficinas de treinamento (ver Apêndice A).

No xamanismo, manter o nosso poder pessoal é essencial para o bem-estar. O livro apresenta métodos xamânicos básicos para restaurar e manter o poder pessoal e aplicá-lo no auxílio de pessoas fracas, doentes ou feridas. São técnicas simples, mas poderosas. Aplicá-las não requer "fé" nem mudanças nos pressupostos que você tem sobre a realidade em seu estado comum de consciência. De fato, o sistema não requer mudança em nosso inconsciente, apenas desperta o que já está lá. As técnicas básicas do xamanismo são simples e relativamente fáceis de aprender, mas o exercício efetivo do xamanismo exige dedicação e autodisciplina.

Ao se envolver na prática xamânica, a pessoa migra do que eu chamo de Estado Comum de Consciência (ECC) ao Estado Xamânico de Consciência (EXC). Esses estados de consciência são a chave para entender como, por exemplo, Carlos Castaneda consegue falar em "realidade comum" e "realidade incomum". A diferença nesses estados de consciência talvez possa ser mais bem ilustrada com uma referência aos animais. Dragões, grifos e outros animais, considerados "míticos" por nós em ECC, são "reais" no EXC. A ideia de que existem animais "míticos" é uma construção útil e válida na vida em ECC, mas supérflua e irrelevante nas experiências em EXC. Nesse sentido, "fantasia" é um termo aplicado por alguém em ECC em relação ao que é vivenciado em EXC. Por outro lado, uma pessoa no EXC talvez perceba as experiências do ECC como ilusórias, do ponto de vista do EXC. As duas visões estão corretas, levando em conta o seu próprio e particular estado de consciência.

O xamã tem a vantagem de migrar à vontade entre os estados de consciência. Entra no ECC do não xamã e concorda sinceramente com ele quanto à natureza da realidade sob essa perspectiva. Em seguida, o xamã volta ao EXC e, em primeira mão, confirma o testemunho de outras pessoas que relataram suas experiências nesse estado.

A observação com os próprios sentidos é a base para a definição empírica da realidade; e ainda não há ninguém, mesmo nas ciências da realidade comum, que tenha provado incontestavelmente que só existe um estado de consciência válido para observações em primeira mão. No EXC, o mito é a realidade comum; no ECC, o mito é a realidade incomum. É dificílimo fazer um julgamento sem preconceitos sobre a validade das experiências no estado contrastante de consciência.

Para entender a profunda hostilidade emocional com que as obras de Castaneda foram recebidas em alguns lugares, é preciso ter em mente que muitas vezes há preconceito envolvido. É o equivalente do etnocentrismo entre culturas. Nesse caso, porém, a questão fundamental deixa de ser a estreiteza da experiência cultural para se tornar a estreiteza da experiência consciente. As pessoas mais preconceituosas em relação a um conceito de realidade incomum são as que nunca o experimentaram. Cognicentrismo é o análogo na consciência ao etnocentrismo.

Um passo rumo à solução desse problema é que mais pessoas se tornem xamãs e experimentem o EXC por si mesmas, nos próprios termos. Esses xamãs, como têm feito desde tempos remotos em outras culturas, levam, então, uma compreensão dessa realidade incomum aos que nunca entraram nela. Isso seria comparável ao papel do antropólogo, que, ao participar como observador de uma cultura diferente da dele, mais tarde comunica uma compreensão dessa cultura a outras pessoas que, caso contrário, a considerariam estranha, incompreensível e inferior.

Para tentar evitar as armadilhas do etnocentrismo, os antropólogos nos ensinam a entender uma cultura sob seus próprios pressupostos sobre a realidade. Os xamãs ocidentais fazem serviço semelhante em relação ao cognicentrismo. A lição dos antropólogos chama-se relativismo cultural. Até certo ponto, os xamãs ocidentais tentam criar um relativismo cognitivo. Mais tarde, quando alcançarmos um conhecimento empírico das experiências do EXC, os seus próprios pressupostos serão respeitados – e talvez, então, seja o momento propício para uma análise, científica e sem preconceitos, das experiências do EXC em termos do ECC.

Alguém há de argumentar: o motivo pelo qual nós, humanos, passamos a maior parte de nossa vida em vigília no ECC é que a seleção natural quis assim. Essa é a nossa realidade real. Outros estados de consciência, além do sono, são aberrações que põem em risco nossa sobrevivência. Em outras palavras: percebemos a realidade da maneira de costume porque esse é sempre o melhor caminho em termos de sobrevivência. Avanços recentes na neuroquímica mostram, porém, que o cérebro humano fabrica as próprias drogas que alteram a consciência, incluindo alucinógenos como a dimetiltriptamina.[1] Em termos de seleção natural, parece improvável que essas substâncias estivessem presentes, a menos que sua capacidade de alterar o estado de consciência conferisse vantagens à sobrevivência. É como se a própria Natureza decidisse que, às vezes, um estado alterado de consciência é superior a um estado comum.

No Ocidente, estamos só engatinhando quando o assunto é avaliar o importante impacto que o estado mental exerce sobre o que outrora se percebia como uma questão de capacidade puramente "física". Quando em meio a uma emergência um xamã aborígene australiano ou um lama tibetano realiza uma "viagem rápida" – técnica de transe ou de EXC para percorrer longas distâncias em ritmo acelerado –, eles estão praticando uma técnica de sobrevivência, por definição, claramente impossível no ECC.[2]

Da mesma forma, agora estamos aprendendo que muitos de nossos melhores atletas entram em estado alterado de consciência quando estão realizando suas maiores conquistas. Em suma, parece inadequado argumentar que só um único estado de consciência é superior em todas as circunstâncias. Há muito tempo, os xamãs sabem que esse pressuposto é falso e perigoso à saúde e ao bem-estar. Xamãs – usando milênios de conhecimentos acumulados e experiências em primeira mão – detectam quando a mudança no estado de consciência é apropriada e até necessária.

No EXC, os xamãs experimentam e fazem coisas impossíveis de experimentar no ECC. Mesmo se fosse comprovado que todas as experiências dos xamãs no EXC só acontecem na mente deles, isso não tornaria esse domínio menos verdadeiro. Na realidade, essa conclusão significa que as experiências e as façanhas do xamã nada têm de "impossíveis".

Este livro apresenta exercícios que representam as minhas próprias destilações e interpretações pessoais de métodos xamânicos milenares que aprendi em primeira mão com indígenas das Américas do Sul e do Norte, complementadas por informações da literatura etnográfica, inclusive de outros continentes. Adaptei os métodos para que leitores ocidentais, independentemente de suas orientações religiosas ou filosóficas, consigam aplicar as técnicas em seu cotidiano. Os métodos funcionam para pessoas em boa saúde, bem como para quem estiver "sem espírito" ou doente. Sob o prisma xamânico, o poder pessoal é básico para a saúde em todas as condições da vida.

Para se beneficiar do livro de modo eficaz, tenha o cuidado de realizar os exercícios e as experiências na sequência exata. Não tente um exercício avançado antes de obter sucesso com o anterior. Às vezes, uma pessoa alcança todos esses estágios em poucos dias; o normal é levar semanas ou meses. O importante não é a rapidez, mas a constância na prática pessoal. Se treinar os métodos aprendidos com disciplina, você estará no caminho de se tornar um xamã. E em que sentido você é um xamã? Só lhe confere essa condição a pessoa a quem você está tentando ajudar em assuntos de poder e cura. Ou seja, é o sucesso reconhecido no trabalho xamânico que determina se você realmente se tornou um xamã.

Você terá a oportunidade de descobrir que, sem qualquer uso de drogas, consegue alterar seu estado de consciência pelos caminhos clássicos do xamã e, assim, entrar na realidade incomum do xamanismo. E então, em pleno EXC, torna-se um vidente (oráculo), empreende pessoalmente a famosa jornada xamânica e adquire, em primeira mão, conhecimentos sobre um universo oculto. Também descobre como se beneficiar de suas jornadas em termos de cura e saúde, aplicando métodos antigos que ao mesmo tempo prenunciam e vão além da psicologia, da medicina e da espiritualidade ocidentais. Além disso, aprende métodos sem jornada para manter e aprimorar o poder pessoal.

É normal que os ocidentais abordem os exercícios xamânicos pela primeira vez com relativa apreensão. Porém, em todos os casos que conheço, as angústias logo foram substituídas por sensações de descoberta, empolgação positiva e autoconfiança. Não por acaso, o termo *êxtase* se refere comumente tanto ao "transe" xamânico, ou EXC, quanto a um estado de exaltação ou deleite arrebatador. A experiência xamânica é positiva: isso tem sido verificado ao longo de milhares de anos. Muitas vezes, comprovei esse fato em minhas oficinas, cujos participantes representam um amplo espectro de personalidades.

Estar no EXC é, digamos, mais seguro do que sonhar. Nos sonhos, nem sempre você consegue se libertar voluntariamente de experiências ou pesadelos incômodos. Por outro lado, a pessoa que entra no EXC (que é um estado de vigília consciente) a qualquer momento sai dele e volta ao ECC. Em experiências com drogas psicodélicas, a pessoa fica, por um período de tempo quimicamente determinado, em estado alterado de consciência. No caso do EXC, isso não ocorre. Não há, portanto, qualquer possibilidade de a pessoa ficar presa numa *bad trip*. Os únicos perigos significativos que eu conheço relacionados à prática do xamanismo são sociais ou políticos. Por exemplo, era obviamente perigoso ser xamã na Europa no tempo da Inquisição, e ainda hoje na tribo dos Shuar* é perigoso ser acusado de atuar como xamã "maligno" ou bruxo o praticante de um tipo de xamanismo não ensinado aqui.

Em essência esta minha apresentação é fenomenológica. Não tento explicar conceitos e práticas xamânicas em termos da psicanálise ou de qualquer outro sistema ocidental contemporâneo de teoria causal. A causalidade envolvida no xamanismo e na cura xamânica é, de fato, uma questão interessantíssima, digna de pesquisas extensas. Porém, a pesquisa científica orientada à causalidade não é essencial ao ensino da prática xamânica – nosso objetivo principal aqui. Em outras palavras, as dúvidas ocidentais sobre como o xamanismo funciona são irrelevantes na hora de experimentar e empregar os métodos.

Procure descartar quaisquer pré-julgamentos de viés crítico ao praticar os métodos xamânicos pela primeira vez. Apenas aproveite as aventuras da abordagem xamânica; tente absorver e praticar o que está lendo e descubra aonde suas explorações o levam. Por dias, semanas e talvez anos após aplicar esses métodos, você terá bastante tempo para refletir sobre o significado deles, do ponto de vista ocidental. A maneira eficaz de aprender o sistema dos xamãs é aplicar os mesmos conceitos básicos que eles aplicam. Por exemplo, ao mencionar "espíritos", faço isso porque é assim que os xamãs falam no âmbito do sistema. Para praticar o xamanismo, é desnecessário e até desaconselhável preocupar-se em alcançar uma compreensão científica do que os "espíritos" realmente representam e de como o xamanismo funciona.

Os livros de Carlos Castaneda, independentemente das questões suscitadas sobre seu grau de ficcionalização, prestaram o valio-

---

* Atualmente os Shuar também são conhecidos por outros termos que eles consideram injuriosos, que são: *Jivaro*, *Jíbaro* e *Xivaro*. Esses nomes foram dados pelos espanhóis e são sinônimos de *selvagem*, mas atualmente eles preferem ser chamados de Shuar, que significa "pessoa", forma como eles se referem a si mesmos. [N. de RT.]

so serviço de apresentar a muitos ocidentais a aventura e a empolgação do xamanismo e alguns dos princípios legítimos envolvidos. Nas páginas seguintes não pretendo recapitular o conteúdo das obras de Castaneda nem mostrar equivalências entre seus conceitos e os aqui apresentados. Porém, para a maioria dos leitores de seus livros, muitos desses paralelos devem ser bastante óbvios. Cabe observar, entretanto, que Castaneda não enfatiza em seus livros uma das tarefas mais importantes do xamanismo: a cura. Será porque o Dom Juan de Castaneda está basicamente envolvido no tipo guerreiro (ou bruxo) de xamanismo? Talvez.

Aqui, o foco principal é fornecer um manual introdutório da metodologia xamânica para a saúde e a cura. Há muito mais a ser escrito, mas os fundamentos estão aqui. Bastam capacidade e inclinação para começar a se tornar um xamã. Conhecimentos sobre o xamanismo, como todo e qualquer conhecimento, têm diferentes aplicações, dependendo do caminho trilhado. O caminho que ofereço ao leitor é o do curandeiro, não o do bruxo, e os métodos demonstrados visam alcançar o bem-estar e a saúde. Em suma, métodos para ajudar os outros.

Por fim, esclareço uma coisa que já deve estar óbvia: eu mesmo exerço o xamanismo; não porque eu entenda como o xamanismo funciona em termos de ECC, e sim porque ele funciona. Simples assim. Mas não creia nas minhas palavras: os conhecimentos xamânicos verdadeiramente significativos devem ser vivenciados! Não há como obtê-los de mim ou de qualquer outro xamã. Afinal de contas, o xamanismo é basicamente uma estratégia de aprendizagem pessoal e de trabalho em cima dessa aprendizagem. Ofereço à leitora e ao leitor uma parte dessa estratégia. Bem-vindos à antiga aventura xamânica!

CAPÍTULO 1
DESCOBRIR O CAMINHO

Como antropólogo, meu primeiro trabalho de campo prolongado ocorreu em 1956 e 1957, nas encostas florestadas no leste dos Andes equatorianos, em meio ao povo indígena Shuar – na língua deles, *Untsuri Shuar*. Naquela época, os Shuar eram famosos pela prática do "encolhimento de cabeças", então já quase abandonada, e pela prática intensiva do xamanismo, que persiste até hoje. Com sucesso, coletei uma vasta quantidade de informações, mas nesse período fui apenas um observador externo do mundo xamânico.

Anos depois, o Museu Americano de História Natural me convidou para fazer uma expedição de um ano pela Amazônia peruana para estudar a cultura dos shipibo-conibo, na região do rio Ucayali. Encantado com a oportunidade de empreender mais pesquisas sobre as fascinantes culturas da floresta do Alto Amazonas, aceitei. Esse trabalho de campo ocorreu em 1960 e 1961.

Duas experiências particulares que tive em meio às tribos dos shipibo-conibo e dos Shuar foram cruciais para as minhas descobertas sobre o caminho do xamã nessas culturas. Por isso, eu gostaria de compartilhar ambas as experiências com vocês. Talvez elas transmitam algo do incrível mundo oculto que se descortina aos exploradores xamânicos.

Eu já morava havia quase um ano numa aldeia indígena entre os shipibo-conibo, à beira de um lago remoto, nas imediações de um afluente do rio Ucayali. Minhas pesquisas antropológicas sobre a cultura dos shipibo-conibo evoluíam bastante, mas minhas tentativas de coletar informações sobre a religião deles tiveram pouco sucesso. Era um povo amigo, porém relutante a falar em assuntos sobrenaturais. Por fim, me disseram que, se eu quisesse mesmo aprender, deveria experimentar a bebida sagrada dos xamãs, feita de *ayahuasca*, a "videira da alma". Concordei, num misto de curiosidade e apreensão, pois me avisaram que a experiência seria muito assustadora.

Na manhã seguinte, meu amigo Tomás, o bondoso decano da aldeia, foi à floresta cortar as vinhas. Antes de sair, me recomendou jejum: café da manhã leve e nada de almoço. Ao meio-dia, voltou com cipós de *ayahuasca* e folhas de chacrona, suficientes para encher um caldeirão de 60 litros. Aquilo ficou fervendo a tarde toda, até restar apenas um litro de líquido escuro. Ele derramou o concentrado num frasco velho e avisou: "Vamos deixar esfriar até o pôr do sol e só então vamos beber".

Os indígenas colocaram mordaças nos cães da aldeia para impedi-los de ladrar e justificaram dizendo que o ruído de cães latindo leva à loucura quem consome *ayahuasca*. Mandaram as crianças ficarem quietas, e, com o crepúsculo, o silêncio caiu sobre a pequena comunidade.

Quando a escuridão substituiu o fugaz pôr do sol equatorial, Tomás pegou o frasco, derramou um terço do conteúdo numa tigela feita de cabaça e me entregou. Toda a tribo assistia. Eu me senti como Sócrates entre seus compatriotas atenienses, aceitando a cicuta – veio-me à mente que, entre os povos da Amazônia peruana, a *ayahuasca* também é conhecida como "pequena morte". Entornei a poção num só gole. Sabor estranho, meio amargo. Esperei Tomás beber, mas ele declarou que não participaria do ritual.

Fizeram-me deitar no jirau de bambu sob o grande telhado de palha da casa comunal. Silêncio na aldeia. Só se ouviam o chilrear dos grilos e os roncos distantes de um bugio nas profundezas da selva.

Olhei o breu que me cercava. Tênues linhas luminosas se formaram no alto. Cada vez mais nítidas e intricadas, de repente explodiram num festival de cores brilhantes. Ao longe, escutei o som de uma cachoeira, que se intensificou, cada vez mais forte, até encher os meus ouvidos.

Minutos antes, eu estava meio decepcionado, convicto de que a *ayahuasca* não teria efeito algum sobre mim. Agora, o som da água corrente inundava meu cérebro. Meu queixo começou a ficar dormente, e a dormência subiu pelas minhas têmporas.

Sobre minha cabeça, as linhas tênues se tornaram mais brilhantes. Aos poucos, foram se entrelaçando até formar um dossel semelhante a um caleidoscópico mosaico de vitrais. Tons de um violeta cintilante criaram acima de mim um teto em infinita expansão. No interior dessa caverna celestial, dominada pelo som das águas turbulentas, distingui vultos que faziam movimentos sombrios. Tentei ajustar os olhos à escuridão, e esse movimentado cenário se transformou em algo semelhante a um enorme parque de diversões, um carnaval sobrenatural de demônios. No meio, controlando as atividades e me encarando nos olhos, havia uma colossal cabeça crocodiliana, de cujas cavernosas mandíbulas sorridentes jorrava uma torrente hídrica. Aos poucos, o nível da água foi subindo, assim como o dossel acima delas, até que a cena se metamorfoseou numa singela dualidade: céu azul acima, mar embaixo. Nenhuma criatura à vista.

Em seguida, em minha posição perto da lâmina de água, avistei duas estranhas embarcações flutuando, para lá e para cá, em pleno ar. Notei que vinham em minha direção, cada vez mais perto. Devagarinho se fundiram e formaram uma só nau, com uma enorme cabeça de dragão na proa, não muito diferente de um barco viking. No mastro, uma vela quadrada. O barco se aproximou suavemente, para lá e para cá, acima de mim, num som rítmico. Percebi que era uma gigantesca galé, com várias centenas de remos, movendo-se para a frente e para trás na mesma cadência sonora.

Também tomei consciência do canto mais bonito que já ouvi em minha vida, agudo e etéreo, emanando de uma miríade de vozes a bordo da galé. Olhando o convés mais de perto, avistei um grande número de seres com cabeça de gaio-azul e corpo humano, não muito diferentes dos deuses com cabeça de pássaro nas pinturas de tumbas egípcias antigas. Ao mesmo tempo, uma essência energética começou a fluir do meu peito para dentro do barco. Eu me considerava ateu, mas tive certeza de que estava morrendo. Aquele povo com cabeça de pássaro tinha vindo para levar minha alma no barco. Enquanto o fluxo de minha alma saía de meu peito, uma dormência nas extremidades do corpo me dominou.

Braços, pernas, o corpo inteiro lentamente pareceu adquirir uma solidez de concreto. Eu não conseguia me mexer nem falar. Aos poucos, a dormência se aproximou do meu peito, rumo ao coração. Tentei articular um pedido de ajuda – um antídoto – aos indígenas. Entretanto, por mais que eu tentasse, não consegui reunir forças suficientes para dizer uma só palavra. Ao mesmo tempo, parecia que meu abdômen tinha virado pedra, e só com um esforço descomunal mantive o coração batendo. Chamei meu coração de "meu amigo", meu amigo mais querido de todos, conversei com ele, o incentivei a bater com todas as forças que ainda me restavam.

Adquiri consciência do meu cérebro. Senti (fisicamente) que ele havia se compartimentalizado em quatro níveis separados e distintos. Na superfície, o observador e comandante, consciente da condição do meu corpo, responsável pela tentativa de manter o coração funcionando. Mero espectador, percebeu as visões que aparentemente emanavam dos níveis inferiores do meu cérebro. Logo abaixo da superfície, senti uma camada entorpecida, que parecia desligada pela droga – simplesmente não estava lá. O nível seguinte era a fonte das minhas visões, incluindo o barco da alma.

Nesse ponto tive certeza quase absoluta de que estava prestes a morrer. Aceitei meu destino, enquanto outra parte de meu cérebro, ainda mais profunda, começou a transmitir novas visões e informações. Ela me "disse" que esse novo material estava sendo apresentado a mim porque eu estava morrendo e, portanto, em condições "seguras" de receber essas revelações. Segredos assim eram reservados apenas a moribundos e mortos, fui informado. Só muito vagamente distingui os responsáveis por esses pensamentos: gigantes criaturas reptilianas, pousadas pachorrentamente nas regiões mais profundas do meu cérebro, na conexão com o topo da coluna vertebral. Enxerguei apenas seus vultos em meio àquelas profundezas sombrias e escuras.

Então, elas projetaram uma cena visual diante de mim. Primeiro, mostraram-me o nosso planeta Terra, em eras remotas, antes de haver qualquer vida nele. O oceano, a terra estéril e o céu azul brilhante se descortinaram à minha frente. Súbito, lá do céu, manchas negras foram caindo às centenas e aterrissando em minha volta na paisagem árida. Notei que as "manchas" eram, na verdade, criaturas grandes, reluzentes e negras, com asas atarracadas de pterodátilos e enorme corpo de baleia. Não vislumbrei a cabeça delas. Prostraram-se no solo, esgotadas pela viagem, e descansaram por uma eternidade. Numa espécie de linguagem telepática, me explicaram que fugiam de uma ameaça espacial. Tinham vindo ao planeta Terra para escapar de seus inimigos.

Em seguida, os seres me mostraram como criaram a vida no planeta para se esconder por meio de inúmeras formas e, assim, disfarçar sua presença. Perante meus olhos, a magnificência da criação e da especiação de plantas e animais – centenas de milhões de anos de atividade – se desenrolou em uma escala e uma vivacidade indescritíveis. Soube que as criaturas dragônicas viviam, portanto, no âmago de todas as formas de vida, inclusive humanas.* Eram os verdadeiros mestres da humanidade e de todo o planeta, disseram-me. Nós, humanos, não passávamos de meros receptáculos e servos dessas criaturas que falavam comigo a partir de meu interior.

As revelações brotavam das profundezas de minha mente e se alternavam com visões da galé flutuante, prestes a concluir o embarque de minha alma. Aos poucos, a nau, com a tripulação no convés – marujos com cabeça de gaio-azul –, foi se afastando, tragando minha força vital e rumando a um grande fiorde de encostas estéreis e erodidas. Restava-me um sopro de vida, e eu tinha plena consciência

---

* Em retrospectiva, poderíamos dizer que eram algo parecido com o DNA, embora naquela época, 1961, eu nada soubesse sobre DNA.

disso. Estranhamente, não tive medo dos marujos com cabeça de pássaro; eram bem-vindos para levar minha alma se a mantivessem. Mas eu temia que de alguma forma minha alma não ficasse no plano horizontal do fiorde, mas sim, por meio de processos incógnitos, embora sentidos e receados, fosse arrebatada ou retomada pelos dragônicos habitantes das profundezas.

Súbito me dei conta de minha humanidade distinta, do contraste entre a minha espécie e os antigos ancestrais reptilianos. Comecei a lutar contra o retorno aos primevos, que cada vez mais me causavam estranheza e uma sensação até maligna. Cada pulsar do coração era uma grande conquista. Recorri à ajuda humana.

Num último e inimaginável esforço, balbuciei uma palavra aos indígenas:

– Remédio!

Saíram correndo para fabricar um antídoto, mas eu sabia que não ia dar tempo. Eu precisava de um guardião apto a derrotar os dragões. Em frenesi invoquei um ser poderoso para me proteger das criaturas alienígenas reptilianas. Ele surgiu diante de mim, e nessa hora os locais abriram minha boca e derramaram o antídoto garganta adentro. Aos poucos, os dragões foram sumindo nas profundezas; o barco das almas e o fiorde já não existiam. Soltei um suspiro de alívio.

O antídoto amenizou radicalmente minha condição, mas não me impediu de ter inúmeras visões adicionais de natureza mais superficial, gerenciáveis e cativantes. Com prazer empreendi fabulosas viagens por regiões distantes, até mesmo pela Galáxia. Criei incríveis arquiteturas e utilizei demônios com sorrisos sarcásticos para realizar minhas fantasias. Muitas vezes me flagrei rindo alto das incongruências de minhas aventuras.

Por fim, adormeci.

Acordei com os raios de sol que perpassavam os desvãos do teto de palha de palmeira. Deitado no jirau de bambu, ouvi os sons matinais ao meu redor: a conversa dos indígenas, o choro dos nenéns, o galo cantando. Surpreso, senti-me revigorado e em paz. Admirei o belo entretecer da palha, e as lembranças da véspera perambularam em meu cérebro. Momentaneamente interrompi meus devaneios e peguei o gravador na mochila. Enquanto vasculhava minhas coisas, vários dos indígenas me saudaram, sorrindo. Uma idosa, esposa de Tomás, me deu como "café da manhã" uma tigela de sopa de peixe com banana. Que gosto extraordinário! Então voltei à plataforma, ansioso para gravar as experiências da minha noite antes de esquecer os detalhes.

Recordei tudo com facilidade, à exceção de uma parte do transe. Nessa parte havia um branco, como o trecho apagado de uma fita. Por horas a fio, tentei me lembrar do que havia acontecido naquela parte da experiência. Foi praticamente como tentar recuperar a minha consciência. A parte difícil tinha a ver com a comunicação das criaturas dragônicas, a revelação de seu papel na evolução da vida em nosso planeta e sua inata dominação da matéria viva, incluindo o homem. Fiquei empolgadíssimo ao redescobrir esse material, mas senti que não deveria ter sido capaz de resgatá-lo das camadas inferiores da mente.

Tive, inclusive, uma peculiar sensação de medo por minha segurança, porque agora eu sabia de um segredo que, segundo as criaturas, só se destinava aos moribundos. Imediatamente decidi compartilhar esse conhecimento com outras pessoas para que o "segredo" não residisse só em mim, e a minha vida não corresse risco. Instalei o motor de popa numa canoa e parti para uma aldeia próxima, onde havia missionários dos Estados Unidos. Cheguei com o sol a pino.

Os evangelistas, o casal Bob e Millie, eram hospitaleiros, bem-humorados e solidários.[1] Contei a minha história. Descrevi o réptil jorrando água pela boca. O dois se entreolharam, pegaram a Bíblia e leram para mim o seguinte versículo do Capítulo 12 do Apocalipse:

E da boca de serpente jorrou um dilúvio de água...

Explicaram-me que, na Bíblia, a palavra "serpente" era sinônimo de "dragão" e "Satanás". Segui minha narrativa. Quando cheguei à parte sobre as criaturas dragônicas fugindo do inimigo em algum lugar além da Terra e pousando aqui para se esconder de seus perseguidores, Bob e Millie leram empolgados um novo trecho do Livro do Apocalipse:

> E no céu uma guerra se desencadeou: Miguel e seus anjos combateram o dragão. E o dragão, auxiliado por seus anjos, tentou resistir, mas sem êxito. E nunca mais encontraram o lugar deles no céu. E o grande dragão, essa velha serpente, que se chama Diabo e Satanás, que engana todo o mundo foi banido; foi banido para os subterrâneos, junto com seus anjos.

Não escondi minha surpresa e admiração. Os missionários, por sua vez, pareciam impressionados com o fato de que a bebida dos "pajés", ingerida por um antropólogo ateu, aparentemente havia revelado a ele os sagrados conteúdos do Apocalipse. Terminei meu relato, aliviado por compartilhar meus novos conhecimentos, mas também exausto. Adormeci na cama dos missionários, enquanto comentavam a experiência.

Ao anoitecer, voltei à aldeia em minha canoa. Minha cabeça começou a latejar no ritmo do motor de popa; achei que estava ficando louco; tive de tapar os ouvidos para evitar a sensação. Dormi bem, mas no dia seguinte notei que havia uma dormência ou pressão em minha cabeça.

Ansioso, solicitei a opinião profissional do indígena com saberes sobrenaturais, um xamã cego que fizera muitas excursões ao mundo espiritual com o auxílio da bebida *ayahuasca*. Parecia adequado ter como guia para o mundo das trevas um deficiente visual.

Fui à cabana dele com meu caderno embaixo do braço. Tim-tim por tim-tim, descrevi a ele as minhas visões. No começo, só contei os trechos principais. Na hora das criaturas dragônicas, omiti sua origem espacial e me limitei a mencionar:

– Animais pretos, gigantescos, parecidos com grandes morcegos, maiores que esta casa, que se declaravam os verdadeiros senhores do mundo.

Na língua dos shipibo-conibo, não existe palavra para "dragão". Por isso, "morcego gigantesco" foi a melhor descrição que consegui fazer do que eu tinha visto.

O xamã encarou-me com seus olhos cegos e abriu um sorriso:

– Ah, eles sempre falam isso. Mas são apenas os Senhores das Trevas Externas.

Então fez um casual aceno de mão aos céus. Um calafrio percorreu minha espinha. É que eu não tinha contado ainda que, em meu transe, eles chegavam do espaço sideral.

Fiquei aturdido. As coisas que eu tinha experimentado já eram familiares para esse xamã de pés descalços e deficiente visual. Ele as conhecia por meio de suas próprias explorações desse mesmo mundo oculto em que eu tinha me aventurado. A partir daí tomei a resolução de aprender tudo a meu alcance sobre o xamanismo.

Tive outro incentivo nessa nova busca. Após contar a minha experiência, ele me falou que até então não ouvira falar de ninguém que descobrira e aprendera tantas coisas em sua primeira jornada com a *ayahuasca*.

– O senhor tem tudo para se tornar um mestre xamã – afirmou ele.

Assim, comecei a me dedicar seriamente a estudar o xamanismo. Com a tribo dos shipibo-conibo, aprendi especialmente sobre a jornada ao Mundo Inferior e a recuperação de espíritos, métodos descritos adiante no livro. Em 1961, voltei aos Estados Unidos, mas três anos depois retornei à América do Sul para conviver novamente com os Shuar, povo com o qual eu tinha morado entre 1956 e 1957. Dessa vez, a minha missão não era só ser antropólogo, mas aprender em primeira mão como praticar o xamanismo à maneira dos Shuar. Fiz questão de explorar a região noroeste do território shuar, onde diziam que moravam os xamãs mais poderosos.

Primeiro voei a Quito, nas terras altas andinas do Equador. A bordo de um velho trimotor Junkers, aterrissamos numa pista no meio da selva, na plataforma oriental dos Andes, às margens do rio Pastaza. Lá fretei um monomotor com destino a Macas, antigo povoado de etnia europeia, no sopé da cordilheira andina, no seio do território shuar.

Aldeia estranha, Macas. Fundada em 1599 por um punhado de espanhóis que sobreviveram ao massacre da lendária Sevilla del Oro pelos Shuar, durante séculos foi talvez a mais isolada comunidade do mundo ocidental. Antes da construção da pista de pouso, na década de 1940, sua conexão mais direta com o mundo exterior era uma trilha escorregadia sobre a escarpa andina, a oeste da vila. Oito dias de árdua caminhada a separavam da cidade montanhosa de Riobamba. Em meio a esse isolamento, se formou uma comunidade de pele branca diferente de qualquer outra no mundo. Em pleno século 20, esse povo caçava com zarabatanas, usava roupas indígenas e declarava orgulhosamente sua descendência direta dos conquistadores.

Também tinham suas próprias lendas maravilhosas e mistérios particulares. Por exemplo, a história de como, após o massacre e a retirada de Sevilla del Oro, levaram quase um século para encontrar uma nova saída no meio dos Andes. O herói que enfim teve sucesso ainda era celebrado nas histórias de ninar para as crianças. Havia ainda o cavalo espectral que arrastava correntes pelas ruas, visitante noturno tão frequente que os habitantes muitas vezes se encolhiam no interior das cabanas com teto de palha enquanto o monstro vagava na aldeia. As visitas desse corcel fantástico terminaram em 1924, quando missionários católicos se estabeleceram na comunidade em definitivo. Diga-se de passagem, naquela época ainda não havia cavalos em Macas – o primeiro potro foi trazido nas costas por um homem de Riobamba em 1928, quase três séculos e meio após a fundação da comunidade.

Atrás da aldeia, parte oriental da Cordilheira dos Andes, erguia-se imponente o Sangay, grande vulcão ativo coberto de neve, exalando fumaça de dia e brilhando à noite. O brilho, os macabeus gostavam de dizer, era produzido pelo tesouro dos incas, que alegavam estar enterrado nas encostas do Sangay.

Correu tudo bem no meu primeiro dia em Macas. Na pista de pouso fui recebido por um jovem guia shuar, e o povo era hospitaleiro e generoso. A comida era abundante, e as nossas refeições incluíam porções generosas de carne. Como os macabeus não tinham como fazer seu gado atravessar os Andes, eles mesmos tinham que comer os animais; assim, o gado era abatido na pequena aldeia todos os dias. Além disso, eles me ofereceram *guayusa*, um chá nativo que os macabeus consumiam ao longo do dia em vez de café. O chá dava uma sensação de euforia, e toda a população local passava o dia levemente "chapada". É tão fácil de se viciar na infusão de *guayusa* que, antes de provar, o visitante é avisado: se tomar esse chá sempre terá de voltar às selvas equatorianas.

Cansado da viagem, adormeci no lar macabeu. Na escuridão, imagens em tons avermelhados brilhantes me apareceram. Vi coisas muito curiosas: desenhos curvilíneos se entrelaçando, separando-se e girando em formas encantadoras. Em seguida, rostos demoníacos, pequenos e sorridentes, também vermelhos, apareceram num turbilhão de padrões mutáveis – desaparecendo e reaparecendo. Senti que estava vendo os habitantes espirituais de Macas.

De repente, com uma explosão e um solavanco, quase fui arremessado para fora da cama de ripas. Os cães da aldeia começaram a ladrar. As visões se esvaneceram. O povo gritava. Tinha acontecido um terremoto, e, no céu noturno, a cratera do Sangay espirrava jatos de fogos de artifício naturais. Senti – sem dúvida, um tanto irracionalmente – que os demônios sardônicos haviam provocado a erupção para saudar o meu retorno à selva e me fazer lembrar de sua realidade. Ri comigo mesmo do absurdo disso tudo.

No dia seguinte, o missionário católico me mostrou sua coleção particular de artefatos pré-históricos da região. E a surpresa: desenhos vermelhos, quase idênticos aos que eu tinha visto na noite anterior, estavam pintados nas cerâmicas!

Na manhã seguinte, meu guia shuar e eu rumamos ao norte de Macas. A bordo da canoa esculpida em madeira, cruzamos o rio Upano e enfrentamos um dia inteiro de caminhada incessante.

Ao pôr do sol, exaustos, chegamos ao nosso destino, o lar de um famoso xamã, Akachu, no meio da floresta. Não ingerimos *guayusa* naquela noite. Em vez disso, ofereceram-me um prato de carne de macaco, com guarnição de larvas cruas, ainda vivas, mas de sabor delicioso, parecido com queijo, regados com tigela após tigela de uma refrescante cerveja de mandioca. Feliz por estar de volta entre os xamãs, deitei-me exausto na cama de bambu e adormeci profundamente.

No outro dia de manhã, Akachu e eu nos sentamos frente a frente, em banquinhos de madeira, em atitude cerimonial. Então, as mulheres dele nos trouxeram tigelas de cerveja de mandioca aquecida. Uma tira de tecido vermelho e branco, da qual pendia uma borla de penas, prendia a vasta cabeleira preta, riscada de mechas grisalhas, num rabo de cavalo. Pelos meus cálculos, ele estava na casa dos 60 anos de idade.

– Vim – expliquei – para adquirir os *tsentsaks*, os ajudantes espirituais.

Sem dizer uma palavra, ele me encarou. Tive a impressão de que as rugas em seu rosto moreno se aprofundaram.

– Boa arma a sua – observou, apontando com o queixo a espingarda Winchester que eu levara para caçar.

Sua mensagem era clara, pois o pagamento padrão entre os Shuar pela iniciação xamânica era – no mínimo – uma espingarda de antecarga, ou seja, carregada pela boca. O rifle Winchester, carregado pela culatra (retrocarga), usava cartuchos. Era considerado mais valioso, pois tinha poder de fogo bem maior que o das espingardas carregadas pela boca, que usavam pólvora negra.

– Para adquirir conhecimento e ajudantes espirituais, vou lhe dar a arma e duas caixas de cartuchos – declarei.

Akachu assentiu e estendeu o braço na direção da Winchester. Peguei o rifle e o levei até ele, que o empunhou, testou o peso, o equilíbrio e mirou ao longo do cano. Súbito, abruptamente, colocou a arma sobre os joelhos.

– Primeiro, você tem que se banhar na cachoeira – avisou ele. – Só então vamos saber.

Respondi que estava pronto para seguir as instruções dele.

– Você não é indígena, não é um *Shuar* – disse Akachu. – Não sei se vai ter sucesso. Mas vou ajudá-lo a tentar. – Com o queixo, apontou a Oeste, para as bandas da cordilheira. – Logo vamos fazer a jornada até a cachoeira.

Cinco dias depois, Akachu, o genro dele, Tsangu, e eu partimos em peregrinação rumo às cataratas sagradas. O meu guia shuar, após ter cumprido seus deveres, já havia retornado para casa.

No primeiro dia, enveredamos na floresta e seguimos uma trilha rio acima, ao longo de um vale de rio serpenteante. Meus companheiros marchavam em ritmo acelerado, e soltei um suspiro de alívio quando, no fim da tarde, paramos às margens do rio, num trecho em que se estreitava para formar rápidas corredeiras. Para nos abrigar à noite, Akachu e Tsangu construíram um alpendre de palha. Cobriram o chão com uma camada de folhas de palmeira, onde dormimos. Aquecido pela fogueira crepitante acesa na entrada do abrigo, caí em sono profundo.

No segundo dia, nossa jornada foi praticamente uma subida contínua na floresta envolta em neblina. Quando a trilha quase inexistente se tornou mais difícil ainda, paramos ao lado de uma moita de cana-brava. Com o facão, fizemos bastões de escalada. Akachu se afastou e voltou com um pau de madeira balsa, com 7,5 centímetros de diâmetro. Enquanto descansávamos, ele rapidamente entalhou na madeira singelos desenhos geométricos e me ofertou:

– Este é o seu bastão mágico. Vai protegê-lo dos demônios. Se encontrar algum, jogue o bastão nele. É mais poderoso que armas de fogo.

Manuseei o bastão: extremamente leve. Não ia servir para me defender de algo material, estava na cara. Por um momento tive a sensação de que éramos crianças brincando de faz de conta. Mas aqueles homens eram guerreiros – e guerreiros que se envolviam em repetidas escaramuças de vida ou morte com seus inimigos. A sobrevivência deles não dependia de uma conexão autêntica com a realidade?

No decorrer da tarde, a trilha foi se tornando cada vez mais íngreme e resvaladiça. Muitas vezes parecia que eu galgava dois passos à frente e deslizava um passo atrás na argila escorregadia. Volta e meia, parávamos para descansar, recuperar o fôlego e bebericar nossos cantis feitos de cabaça, que continham água misturada com polpa de cerveja de mandioca. Às vezes, eles mordiscavam pedaços de mandioca cozida defumada ou de carne defumada que traziam em suas bolsas de pele de macaco. Mas eu estava proibido de comer alimentos sólidos. Tsangu explicou:

– Você tem que sofrer, para que os avós sintam pena de você. Caso contrário, o espectro antigo não vem.

Naquela noite, cansado e faminto, tentei dormir no alpendre de palha que meus companheiros nos construíram no alto de um espinhaço frio e úmido. Pouco antes da aurora, começou a chover. Desolados e tiritando de frio, levantamos acampamento e tateamos em meio à escuridão ao longo da crista. A chuva começou a engrossar. Esporádicos relâmpagos, acompanhados do estrépito dos trovões, iluminavam nosso caminho. Muitos dos raios pareciam cair no mesmo cume que seguíamos, então apertamos o passo para sair daquele morro. No lusco-fusco da madrugada, volta e meia eu perdia de vista os outros dois, bem mais acostumados a percorrer a mata naquele ritmo vertiginoso. Em condições normais, os indígenas avançam a uma velocidade de 6 a 8 quilômetros por hora. Agora pareciam estar a 10 quilômetros por hora.

Logo perdi completamente de vista meus companheiros. Presumi que achavam que eu poderia segui-los. Sem dúvida, estariam esperando por mim lá no fim do espinhaço. Segui em frente, encharcado, exausto, faminto – com medo de estar inapelavelmente perdido naquela grande floresta desabitada. Uma, depois duas, e então três horas se passaram e nada de me encontrar com eles. A chuva parou, e a luz começou a penetrar mais forte na floresta deserta. Busquei vestígios – arvorezinhas com ramos recém-torcidos – de que tinham passado por ali, mas sem sorte.

Entreparei, sentei-me num tronco no meio da floresta gotejante e tentei avaliar com clareza a minha situação. Dei o urro especial de longa distância dos indígenas, um grito do fundo dos pulmões que alcança um quilômetro. À beira do pânico, gritei três vezes. Sem resposta. Caçar era impossível: estava sem meu rifle e não sabia para onde ir. Os únicos humanos que eu conhecia na floresta eram meus companheiros ausentes.

Eu sabia que o nosso rumo básico era Oeste, mas a mata fechada, de copas densas, me impedia de vislumbrar a posição do sol. A crista da montanha se irradiava em várias direções, e eu não tinha a mínima ideia de qual delas seria a melhor. Quase ao acaso, enveredei por uma dessas bifurcações e devagarinho a fui seguindo. A cada 3 metros, eu quebrava um ramo para guiar meus companheiros, caso me procurassem mais tarde. De vez em quando, eu gritava, mas não ouvia som algum em resposta. À beira de um riacho, adicionei um pouco de água à cerveja concentrada na cabaça. Nesse interlúdio, senti o suor escorrendo, e uma nuvem de borboletas girou ao meu redor. Asas multicoloridas pousaram em minha cabeça, ombros e braços. Eu as observei sugando o suor de minha pele e ao mesmo tempo defecando. Levantei-me e me embrenhei na floresta outra vez, usando como apoio meu leve bastão, feito de madeira balsa. Anoitecia. Com meu punhal cortei galhos de mudas de palmeira e fiz uma plataforma tosca. Exausto, tomei um gole de cerveja, cobri o corpo com folhas e dormi como pedra.

Uma luz tênue se infiltrava no dossel da floresta quando acordei. Deitado ali, em meio à quietude verde, ouvi um fragor abafado. Tive um sobressalto e não consegui determinar sua direção. Atento, fiquei escutando, em silêncio. Uns quinze minutos se passaram quando novo estrondo soou, à minha esquerda. Um tiro de arma de fogo, sem dúvida. Saltei num pulo e fui em direção ao som, correndo, tropeçando, escorregando pelas íngremes encostas abaixo. De vez em quando, soltava meu grito de longa distância. Novo estrondo, dessa vez ligeiramente à minha direita. Descambei num desfiladeiro escarpado, tentando me agarrar às trepadeiras e deslizando de uma planta a outra. Um rugido penetrante soava ao meu redor, como se um trem de carga estivesse passando sem parar. Súbito se descortinou à minha frente um rio, com as margens cobertas de grandes rochas. Olhei a montante e tive uma surpresa: estupenda, uma cachoeira se precipitava sobre o penhasco de rocha nua. Perto de sua base avistei meus companheiros; naquele momento, em todo o mundo, os meus amigos mais íntimos.

Galguei e desci as imponentes rochas; precisei vadear trechos de água entre os bancos de areia. Ao me aproximar, as brumas da cachoeira, espargidas pelo vento enfunado no cânion, refrescaram meu rosto e meus braços. Demorei uns quinze minutos para alcançar Akachu e Tsangu. Por fim, desabei na areia, ao lado de meus companheiros.

– A gente achou que um demônio tinha capturado você – disse Akachu, sorrindo. Abri um tênue sorriso e aceitei o cantil de cerveja que ele me ofereceu. Ele continuou: – Você está cansado. Isso é bom, assim os avós vão ter pena de você. Agora é hora de começar a se banhar. Venha comigo e traga seu bastão – disse, apontando para o meu bastão de madeira balsa.

Sentado no banco de areia, Tsangu observou Akachu me conduzir pelas rochas, tangenciando a grande piscina formada pelas águas da cascata. Logo nos vimos diante da face molhada do penhasco, enquanto borrifos atingiam e encharcavam nosso corpo. Ele me pegou pela mão e avançou ao longo da base do penhasco. Com força crescente, as águas se derramavam sobre nós, e ficou difícil manter-se em pé. Com uma das mãos me apoiei no bastão e com a outra me segurei em Akachu.

Passo após passo a caminhada se tornava mais árdua. Repentinamente nos vimos num recesso escuro e natural: estávamos numa pequena gruta embaixo da cachoeira. Parecia uma caverna mágica. Raios de luz atravessavam o colossal lençol de água que nos isolava do resto do mundo. O bramido incessante da cascata era ainda maior que o da minha primeira visão, anos antes. Parecia penetrar em todo o meu ser. Os elementos básicos, a terra e a água, formavam uma vedação contra o mundo.

– A casa dos avós! – gritou Akachu no meu ouvido, apontando para meu bastão de madeira balsa.

Ele já havia me explicado o que fazer. Comecei a andar de um lado para o outro naquela incrível câmara, apoiando-me no bastão a cada passo à frente. Conforme instruído, eu gritava sem parar:

– Taú, taú, taú!

O objetivo era atrair a atenção dos avós. Gotículas varriam a pequena caverna, recém-derretidas dos lagos glaciais da parte mais alta dos Andes, para enregelar meu corpo e minha alma. Tiritando de frio, andei de um lado a outro, aos brados. Akachu me acompanhava, mas sem um bastão.

DESCOBRIR O CAMINHO

Aos poucos, uma estranha calma invadiu minha consciência. Eu já não sentia mais frio, cansaço nem fome. O som da água caindo ficava cada vez mais distante e soava estranhamente tranquilizador. Senti que aquele era o meu lugar, que eu tinha voltado para casa. O muro hídrico em queda se tornou iridescente, uma torrente de milhões de prismas líquidos. Em meio a esse fluxo me veio a nítida sensação de estar flutuando, como se tudo estivesse parado, exceto eu, voando dentro da montanha! Tive que rir do absurdo da vida.

Por fim, Akachu agarrou meu ombro, me fez parar e pegou minha mão. Levou-me para fora da montanha mágica, ao longo do penhasco, rumo ao local onde Tsangu nos esperava. Fiquei triste por deixar o lugar sagrado.

Quando nos reagrupamos no banco de areia, Tsangu nos levou direto ao lado do cânion e começou a escalar a encosta íngreme. Em fila indiana, prosseguimos, agarrando-nos a raízes, mudas e trepadeiras salientes – único jeito de não escorregarmos para trás no barro liso. Passamos talvez uma hora naquela árdua escalada, molhados de vez em quando por nuvens de gotículas espargidas pela cachoeira. Quando enfim chegamos a um pequeno cume plano, adjacente à borda da cascata, as luzes do crepúsculo faiscavam no horizonte. Repousamos brevemente e depois seguimos Tsangu ao longo do platô. Primeiro, atravessamos penosamente os arbustos fechados da borda da mata. Logo, porém, penetramos na floresta propriamente dita e nos encontramos sob uma galeria de imensas árvores.

Cinco minutos depois, Tsangu parou e começou a cortar galhos para construir um alpendre.

Com o facão, Akachu entalhou a ponta de uma vara. Fez novo entalhe em ângulo reto com o primeiro corte e cravou no chão a ponta não entalhada. Na fenda transversal, encaixou dois ramos, forçando a extremidade a se abrir num receptáculo de quatro pontas. Nisso pegou de sua bolsa a tiracolo, feita de pele de macaco, uma cuia de cabaça, do tamanho de um punho, e a fixou no espaço formado pelas pontas. Enfiou a mão outra vez na bolsa e apanhou um feixe de hastes verdes curtas. Eram ramos de *maikua* (espécie do gênero *Brugmansia*, parecida com a figueira-do-inferno) que ele havia coletado antes de nossa partida de sua casa. Uma por uma, segurou as hastes sobre a cabaça e foi raspando a casca esverdeada para encher a cuia. Terminou, e a cuia estava quase cheia. Estendeu a mão, tirou as aparas e começou a espremer o suco verde na cuia. Em cinco minutos o líquido encheu o fundo da cuia, cerca de um oitavo de seu volume total. Jogou fora as aparas espremidas e disse:

– Agora, vamos deixar a *maikua* esfriar. Na boca da noite, você vai beber. Só você vai tomar, pois precisamos protegê-lo. Não tenha medo, pois vamos estar a seu lado em todos os momentos.

Tsangu se aproximou e emendou:

– Não tenha medo. Isso é muito importante. Se topar com algo assustador, não fuja! Corra em direção a esse ser ou objeto para tocá-lo.

Akachu me agarrou pelo ombro.

– Ele tem razão. Faça isso ou vai morrer em breve. O tempo todo, segure o bastão de madeira balsa, para que consiga fazer o toque.

Uma forte sensação de pânico se apoderou de mim. Naquelas palavras nada havia de reconfortante, e me lembrei de histórias de pessoas que morreram ou enlouqueceram irreversivelmente ao tomar *maikua*. Também me lembrei de relatos de Shuar que tomaram *maikua* e ficaram tão delirantes que saíram correndo loucamente pela floresta até despencar de penhascos ou se afogar em águas rodopiantes. Por essa razão, nunca tomavam *maikua* sem companheiros sóbrios para contê-los.[2]

– Vão me segurar com toda força? – indaguei.

– Confie em nós, irmão – tranquilizou-me Akachu.

Foi a primeira vez que se dirigiu a mim por um termo de parentesco, e essa palavra apaziguou meu espírito. Mesmo assim, enquanto a escuridão penetrava na mata, um misto de expectativa, curiosidade e medo tomou conta de mim.

Desta vez, meus companheiros não fizeram uma fogueira. A noite foi caindo enquanto nós três, lado a lado, estendidos sobre as folhas das palmeiras, escutávamos a quietude da floresta e o longínquo troar da cachoeira. Enfim chegou a hora.

Akachu me deu a cuia feita de cabaça. Entornei a cuia e ingeri o conteúdo de um só gole. Sabor um tanto ácido, um pouco semelhante a tomates verdes. Uma sensação de entorpecimento se alastrou em meu corpo. Meu pensamento me remeteu àquela outra bebida, três anos antes, entre o povo shipibo-conibo, e tudo o que havia me trazido até aqui. Será que valia a pena correr tantos perigos por minha busca xamânica?

Logo, logo, porém, inclusive esse pensamento quase lógico se esvaiu e foi substituído rapidamente por um terror inexprimível que permeou todo o meu corpo. Meus amigos queriam me matar! Eu precisava fugir! Tentei escapar num pulo, mas num piscar de olhos já estavam em cima de mim. Três, quatro, uma infinidade de nativos lutou comigo, me empurrando para baixo, cada vez mais para baixo. Eu só enxergava aqueles rostos contorcidos em sorrisos malignos. Súbito, o breu.

Despertei num sobressalto. Um relâmpago, e o estrépito de uma explosão. O solo tremia embaixo de mim. Ergui-me num pulo em completo pânico. Um vento ciclônico me arremessou de volta ao chão. Cambaleante, me reergui. Grossos pingos de chuva golpearam meu corpo enquanto o vento estraçalhava minhas roupas. Um festival de relâmpagos e trovões explodiu ao meu redor. Agarrei-me a uma arvorezinha para me equilibrar. Nem sinal de meus companheiros.

De repente, um calafrio percorreu a minha espinha: entre os troncos das árvores, a 60 metros de distância, uma forma luminosa flutuava devagarinho em minha direção. Paralisado, vi aquilo crescendo cada vez mais e se materializando numa forma retorcida. A gigantesca forma reptiliana se contorcia no ar e flutuava implacavelmente em minha direção. Seu corpo reluzia em tons de verde, roxo e vermelho cintilante. Em meio aos relâmpagos e trovões, ela me encarou, com um bizarro e sardônico sorriso.

Cheguei a me virar, prestes a correr, quando me lembrei de meu bastão feito de madeira balsa. Baixei o olhar e tentei localizá-lo. A criatura serpentina, a menos de 6 metros, se ergueu à minha frente, num incessante enrolar e desenrolar. Acabou se dividindo em duas criaturas entrelaçadas. Agora as duas me encaravam. As formas dragônicas tinham vindo me buscar! Coalesceram-se de novo numa só forma. Vislumbrei à minha frente uma estaca de uns 30 centímetros de comprimento. Em desespero, agarrei-a e investi contra o monstro com a estaca em meu braço estendido. Um rugido ensurdecedor encheu o ar, e, de repente, a floresta se esvaziou. O monstro tinha evaporado. Só silêncio e serenidade.

Perdi a consciência.

Acordei ao meio-dia. Akachu e Tsangu, agachados junto a uma pequena fogueira, comiam e falavam baixinho. Eu estava com dor de cabeça e muita fome. Afora isso, eu me sentia bem. Saí da posição deitada para a sentada, meus amigos se ergueram e se aproximaram. Akachu me estendeu uma tigela de cerveja quente. Também me deram um pedaço de charque de macaco. A carne tinha um sabor maravilhoso, mas o que eu queria mesmo era compartilhar minha experiência com meus amigos. Falei:

— Ontem à noite, achei que vocês iam tentar me matar. Daí vocês sumiram e um relâmpago iluminou o céu...

Akachu me interrompeu.

— Não conte para ninguém, nem mesmo a nós, o que encontrou. Caso contrário, todo o seu sofrimento terá sido em vão. Um dia (vai saber quando) terá a oportunidade de contar aos outros, mas não agora. Alimente-se, e vamos voltar para casa.

Retornamos à casa de Akachu, e, seguindo as orientações dele, comecei a adquirir os *tsentsaks* (setas mágicas)* essenciais à prática

---

* Narra a lenda que a primeira xamã do povo Shuar foi Tsunki (Tsunqui), a deusa das águas, uma mulher de pele branca e cabelos longos, que era capaz de se transformar em uma sucuri. Ela morava debaixo da água protegida por jacarés e anacondas, e usava uma tartaruga como banco para se sentar. De tempos em tempos Tsunki fornece a certos payés um *tsentsak* (setas mágicas também conhecidas pelo nome de "virotes") particularmente mortal, de cristal de quartzo, que será a fonte de seu poder e conhecimento. É por essa razão que, durante sua formação xamânica, o *uwishin* (xamã) vive um tempo sob as águas de um rio com Tsunki. Ele faz um pacto com ela, que se torna sua esposa e mentora durante esse período de treinamento. Para exercer seu ofício, o *uwishin* tem de adquirir esses *tsentsaks*, que são essenciais para a prática xamânica dessa etnia. Os *tsentsaks* moram no corpo do payé e só são visíveis em estado alterado de consciência. [N. de RT.]

do xamanismo shuar. Acredita-se que esses *tsentsaks*, ou ajudantes espirituais, são os principais poderes que causam e curam doenças no dia a dia. Para não xamãs, costumam ser invisíveis, e até mesmo os xamãs só os percebem em estado alterado de consciência.[3]

Xamãs "malignos" ou bruxos – chamados na sua língua pelo nome de *wawékratin* – enviam esses ajudantes espirituais ao corpo das vítimas para adoecê-las ou matá-las. Xamãs "benignos", ou mestres curandeiros, usam os próprios *tsentsaks* para ajudá-los na sucção de espíritos do corpo dos doentes da tribo. Os ajudantes espirituais também formam escudos que, somados ao poder espiritual guardião do xamã, protegem seus mestres xamãs dos ataques.

Xamãs novos coletam tudo que é tipo de insetos, plantas e outros objetos, que vão se tornando seus ajudantes espirituais. Praticamente todo e qualquer objeto, incluindo insetos e vermes vivos, é um potencial *tsentsak*; basta ser pequeno o suficiente para ser ingerido pelo xamã. Diferentes tipos de *tsentsak* causam ou curam diferentes tipos de graus de doença. Quanto maior a diversidade desses objetos de poder que um xamã tiver em seu corpo, maior a sua habilidade como mestre curandeiro.

Cada *tsentsak* tem um aspecto comum e incomum. O aspecto comum da seta mágica é um objeto material comum, que a pessoa enxerga antes de tomar *ayahuasca* (os Shuar chamam essa planta mestra de *natém*). Mas o aspecto incomum e "verdadeiro" do *tsentsak* é revelado ao xamã tomando a bebida. Ao fazer isso, as setas mágicas aparecem em suas conformações ocultas, na forma de ajudantes espirituais, como borboletas gigantes, onças-pintadas, serpentes, pássaros e macacos, que auxiliam ativamente o xamã em suas tarefas.

Quando um xamã curandeiro é chamado para tratar de um paciente, a primeira tarefa é fazer o diagnóstico. Para isso, à noitinha, ele ingere uma bebida – entre elas, a *ayahuasca*, ou também a poção de fumo verde, ou ainda o suco do *piripiri*, uma espécie de junco. Essas substâncias que alteram o estado de consciência lhe permitem ver o corpo do paciente como se fosse de vidro. Se a doença for causada por feitiçaria, o xamã curandeiro enxerga com clareza a entidade intrusa incomum dentro do corpo da pessoa doente e avalia se tem o ajudante espiritual adequado para extraí-la por sucção.

O xamã suga setas mágicas do corpo de um paciente à noite, numa área escura da casa, pois só na escuridão ele consegue perceber a realidade incomum. Com o pôr do sol, alerta seus *tsentsaks* assobiando a sua canção de poder; quinze minutos depois, começa a cantar. Quando está pronto para fazer a sucção, o xamã mantém dois *tsentsaks*, iguais ao tipo que viu no corpo do paciente, na frente e atrás da boca. Estão presentes em seus aspectos material e imaterial; servem para capturar o aspecto incomum da seta mágica na hora em que o xamã o suga do corpo do paciente. O *tsentsak* mais perto dos lábios do xamã tem a tarefa de incorporar dentro de si a essência sugada. Entretanto, se essa essência incomum passar por ele, o segundo ajudante espiritual na boca bloqueia a garganta para que a intrusa não consiga penetrar o corpo do xamã e prejudicá-lo. Entre essas duas armadilhas no interior da boca, a essência é logo capturada e incorporada à substância material de um dos *tsentsaks* do xamã curandeiro. Em seguida o xamã "vomita" esse objeto e o revela ao paciente e à família dele ou dela, dizendo:

– Terminei a sucção. Aqui está.

Se os não xamãs pensarem que o próprio objeto material é o que foi sugado, não cabe ao xamã desiludi-los. Ao mesmo tempo, não está mentindo, porque sabe que o único aspecto importante de um *tsentsak* é seu aspecto imaterial ou incomum, ou essência, que ele acredita sinceramente ter removido do corpo do paciente. De nada serviria explicar ao leigo que já tinha esses objetos na boca, pois isso o impediria de exibir esse objeto como prova de que realizou a cura.

A capacidade de o xamã fazer a sucção depende primordialmente da quantidade e força de seus próprios *tsentsaks*, até centenas deles. Suas setas mágicas assumem seu aspecto sobrenatural de ajudantes espirituais quando o xamã, sob a influência da *ayahuasca*, os visualiza na forma de diversas figuras zoomórficas pairando sobre ele, empoleiradas em seus ombros e brotando de sua pele. O xamã os vê ajudando a sugar o corpo do paciente. Bebe a poção de fumo a cada poucas horas para "mantê-los alimentados" e evitar que o abandonem.

Às vezes, o mestre curandeiro sofre o ataque dos *tsentsaks* enviados a ele por um bruxo. Para evitar esse perigo, os xamãs bebem a poção de fumo repetidamente em todas as horas do dia e da noite. A poção de fumo ajuda a manter os *tsentsaks* prontos para repelir quaisquer outras setas mágicas. Um xamã não sai nem para passear sem levar as folhas verdes de fumo das quais prepara a poção que mantém alertas seus ajudantes espirituais.

O grau de violência e competição na sociedade dos Shuar é famoso na literatura antropológica e contrasta radicalmente, por exemplo, com a tranquilidade do povo shipibo-conibo. E tanto os Shuar quanto os shipibo-conibos se diferenciam dos australianos, bem como de muitos outros povos tribais que há muito praticam o xamanismo sem empregar substâncias psicodélicas. Ainda assim, o xamanismo shuar é altamente desenvolvido, emocionante e digno de nota. Por isso, em 1969, voltei outra vez, no intuito de preencher as lacunas de meus conhecimentos. Mais tarde, em 1973, me envolvi em novas práticas xamânicas com eles.

Nesses anos, desde o início do trabalho xamânico entre o povo shipibo-conibo, também estudei brevemente com xamãs de grupos indígenas do oeste da América do Norte: os povos wintun e pomo, na Califórnia; os salish litorâneos, no estado de Washington; e os sioux lakotas, em Dakota do Sul. Com eles, aprendi como o xamanismo é praticado com sucesso sem o uso da *ayahuasca* ou outras drogas dos shipibo-conibo e dos Shuar. Esses conhecimentos foram especialmente úteis para introduzir cidadãos ocidentais na prática do xamanismo. Por fim, aprendi muitas coisas com a literatura etnográfica mundial sobre o xamanismo; encontrei preciosidades informativas que complementam e reafirmam o que me foi ensinado em primeira mão. Séculos depois, chegou a hora de transmitir aspectos práticos desse antigo legado humano a quem nunca teve acesso a ele.

CAPÍTULO 2
JORNADA XAMÂNICA: PRIMEIROS PASSOS

Xamã, palavra da língua dos povos tungúsicos da Sibéria, foi amplamente adotada por antropólogos para se referir a pessoas de uma vasta gama de culturas não ocidentais anteriormente conhecidas por termos como "bruxo", "feiticeiro", "curandeiro", "pajé", "mago", "mágico" e "vidente". Uma das vantagens de usar "xamã" é que esse termo não tem as conotações preconceituosas e os significados conflitantes associados aos rótulos mais familiares. Além disso, nem todo tipo de curandeiro ou feiticeiro é um xamã.

Xamãs são homens ou mulheres que entram em estado alterado de consciência (por sua própria e exclusiva vontade), a fim de estabelecer contato com realidades normalmente ocultas e aplicá-las para adquirir conhecimentos e poderes, com o objetivo de ajudar outras pessoas. Cada xamã tem ao menos um ou mais "espíritos" a seu serviço pessoal.*

Como observa Mircea Eliade, o xamã se distingue de outros tipos de magos e curandeiros pela aplicação de um estado de consciência que Eliade chama, seguindo a tradição mística ocidental, de "êxtase". Mas, por si só, a prática do êxtase, enfatiza ele com

---

* A bem da simplicidade, a obra utiliza "xamã" e "paciente" com artigo masculino, mas é preciso deixar bem claro que existem xamãs e pacientes de todos os gêneros.

propriedade, não define o xamã, pois o xamã lança mão de técnicas específicas de êxtase. Explica Eliade: "Assim, nem todo extático é considerado um xamã; o xamã se especializa num transe no qual se acredita que a sua alma deixa seu corpo e ascende ao céu ou desce ao submundo".[1] Ao que eu acrescentaria: em seu transe, ele trabalha para curar um paciente, restaurando o poder vital (benéfico) ou extraindo o poder nocivo. Eliade está se referindo à jornada empreendida especialmente para restaurar o poder ou uma alma perdida.

O estado de consciência alterado ou "extático" e a perspectiva aprendida que caracterizam o trabalho xamânico recebem a útil denominação de Estado Xamânico de Consciência (EXC). O EXC envolve não só um "transe" ou um estado transcendente de consciência, mas também uma consciência aprendida de métodos e pressupostos xamânicos enquanto nesse estado alterado. O EXC contrasta com o Estado Comum de Consciência (ECC), ao qual o xamã retorna após se envolver em seu trabalho diferenciado. O EXC é a condição cognitiva em que se percebe a "realidade incomum" de Carlos Castaneda e as "manifestações extraordinárias da realidade" de Robert Lowie.[2]

O componente aprendido do EXC inclui informações sobre a geografia cósmica da realidade incomum. Assim, a pessoa fica sabendo para onde viajar a fim de encontrar o animal, a planta e outros poderes apropriados. Isso inclui os conhecimentos de como o EXC fornece acesso ao Mundo Inferior xamânico.

Esses conhecimentos abarcam a consciência do xamã de que deve ter uma missão específica enquanto estiver no EXC. A realidade incomum é inserida não para brincar, mas para finalidades sérias. O xamã é uma pessoa com trabalho a fazer no EXC, de modo que deve conhecer os métodos básicos para realizar esse trabalho. Se quiser, por exemplo, ir ao Mundo Inferior e recuperar o animal de poder guardião de um paciente, deve conhecer a técnica para alcançar o Mundo Inferior, entrar nele, encontrar o animal de poder e resgatá-lo com segurança. Posteriormente, no ECC, deve saber quais instruções dar ao paciente.

Normalmente, quando está no EXC, o xamã experimenta uma euforia inefável em tudo que enxerga, uma admiração pelos mundos belos e misteriosos que se descortinam à sua frente. As experiências do xamã são como sonhos, mas sonhos que tem enquanto está acordado, que parecem reais e em que ele controla seus atos e comanda suas aventuras. Muitas vezes, no EXC, o xamã fica maravilhado com a realidade que se apresenta, pois acessa um universo totalmente novo e, ao mesmo tempo, familiarmente antigo, que lhe fornece informações profundas sobre o significado de sua própria vida e morte e sobre seu lugar na totalidade da existência. Durante suas intrépidas aventuras no EXC, o xamã mantém o controle consciente sobre o rumo de suas viagens, mas não sabe o que vai descobrir. É um explorador autoconfiante das infinitas mansões de um magnífico universo oculto. Por fim, traz de volta suas descobertas para enriquecer seus conhecimentos e ajudar os outros.

O xamã é um vidente talentoso que trabalha no escuro ou de olhos vendados para ver com clareza. Por essa razão, xamãs costumam realizar suas práticas à noite. Alguns tipos de visão xamânica são feitos de olhos abertos, mas em geral esse tipo de percepção é de natureza menos profunda. Na escuridão, a consciência é menos impactada com as distrações da realidade comum. Assim, o xamã consegue focalizar os aspectos da realidade incomum essenciais ao seu trabalho. Por si só, entretanto, a escuridão é insuficiente para a visão xamânica. Muitas vezes, o vidente, para entrar no EXC, é auxiliado por tambores, chocalhos, cantos e danças.

A *iluminação xamânica* é a capacidade literal de clarear a escuridão, de perceber naquela escuridão o que outros não conseguem vislumbrar. De fato, talvez esse consista no significado mais antigo de "iluminação". Por exemplo, a habilidade especial do xamã iglulik (povo esquimó) de enxergar tem o nome de *qaumanEq*, "iluminação" ou "epifania": "[...] a qual lhe permite, literal e metaforicamente falando, enxergar no escuro. Afinal, agora ele consegue, até mesmo de olhos fechados, ver na escuridão, perceber coisas e eventos futuros ocultos aos outros e, assim, vislumbrar o futuro e os segredos dos outros".[3]

Aua, xamã do povo esquimó iglulik, descreveu assim sua iluminação xamânica:

> Sem sucesso, eu me esforcei para me tornar um xamã com a ajuda dos outros. Visitei muitos xamãs famosos e lhes dei grandes presentes... Busquei a solidão e assim logo me tornei muito melancólico. Às vezes, eu caía no choro e me sentia infeliz, sem saber por quê. Então, sem motivo, tudo mudava de repente, e eu sentia uma grande e inexplicável alegria, uma alegria tão poderosa que era impossível conter. Vinha-me aos lábios uma canção poderosa, com espaço para só uma palavra: alegria, alegria! E eu cantava com toda a potência da minha voz. Súbito, em meio a esse misterioso e avassalador ataque de prazer, eu me tornei um xamã, sem saber como isso aconteceu. Mas eu era um xamã. Eu via e ouvia tudo de um modo totalmente diferente. Conquistei minha *qaumanEq*, minha iluminação, a luz xamã do cérebro e do corpo. Não só eu enxergava através da escuridão da vida, como também emitia essa mesma luz brilhante, imperceptível para os seres humanos, mas visível a todos os espíritos da terra, do céu e do mar, que agora vinham até mim para se tornarem meus espíritos auxiliares.[4]

Na Austrália, entre o povo wiradjeri, o neófito xamânico torna-se "iluminado" ao ser aspergido com "água sagrada e poderosa", espécie de quartzo liquefeito. Pondera Eliade: "Tudo isso equivale a dizer que alguém se torna um xamã quando se enche de 'luz solidificada', isto é, de cristais de quartzo [...]". Conforme esse pesquisador, "eles sentem uma relação entre a condição de uma entidade sobrenatural e uma superabundância de luz".[5]

A percepção do xamã como pessoa que emite luz, principalmente numa "coroa", um halo sobre a cabeça, também vale para os Shuar. Essa auréola multicolorida se forma apenas quando o xamã está no estado alterado de consciência induzido pela *ayahuasca*. E só consegue ser vista por outro xamã em estado de consciência semelhante (ver Figura 1).

JORNADA XAMÂNICA: PRIMEIROS PASSOS

FIGURA 1. Auréola dourada ao redor da cabeça de um xamã shuar em estado alterado de consciência. (Desenho de outro xamã shuar.)

O xamã shuar irradia luz e, ao mesmo tempo, enxerga na escuridão, inclusive mesmo através de materiais comumente opacos. Em outro lugar, já descrevi:

> Após beber, começou a cantarolar. Aos poucos, linhas e formas tênues surgiram na escuridão, e a música estridente dos *tsentsaks*, os espíritos ajudantes, aflorou ao redor dele. O poder do líquido os alimentou. Ouviram o chamado do xamã. Primeiro, *pangi*, a anaconda, enrodilhada na cabeça dele, transmutada em coroa de ouro. Então *wampang*, a borboleta gigante, pairava sobre o ombro dele e com o bater das asas entoava uma canção. Acima dele dançavam no ar cobras, aranhas, pássaros e morcegos. Mil olhos surgiram nos braços dele, enquanto seus ajudantes demoníacos emergiram para procurar inimigos na noite.
>
> O som da água corrente preencheu os ouvidos dele e, ao ouvir esse fragor, ele soube que tinha o poder de Tsunki, a primeira xamã. Agora ele enxergava.[6]

Em geral, xamãs trabalham numa casa imersa em total escuridão ou permitem uma pequena fogueira ou lamparina acesa. Às vezes, porém, mesmo uma diminuta quantidade de luz interfere na visão xamânica. Assim, entre o povo chukchee da Sibéria, a sessão xamânica:

> [...] começou, como sempre, no escuro; mas quando o xamã, súbito, parou de tocar o tambor, a lamparina foi novamente acesa, e o rosto do xamã imediatamente coberto com um pedaço de pano. A dona da casa (esposa do xamã) pegou a baqueta e começou a tocar o tambor com golpes leves e lentos. Isso durou o tempo todo [...].[7]

De minha parte, ao entrar no EXC, deixo uma vela acesa em algum lugar no chão do quarto escuro. Em seguida, quando eu me deito ou caio no chão, simplesmente tapo minhas pálpebras cerradas com o antebraço esquerdo para impedir a entrada de qualquer luz.

Se o xamã cai de modo lento ou repentino no piso de chão batido da casa, os chukchees dizem:

– Ele se afunda.

Isso se refere não só ao seu ato material, visível aos outros na casa, mas também à "crença de que o xamã, no período de êxtase, visita outros mundos, especialmente o subterrâneo".[8] De modo análogo, o xamã esquimó prestes a empreender a jornada é conhecido como "aquele que cai no fundo do mar"[9] – não só cai no piso da casa (Estado Comum de Consciência), mas cai no Mundo Inferior oceânico (Estado Xamânico de Consciência).

A jornada xamânica está entre as tarefas mais importantes. Essa jornada, em seu formato mais básico e fácil de aprender, é a que nos leva ao Mundo Inferior. Isso é alcançado quando o xamã tem um buraco ou entrada especial para o Mundo Inferior. Essa entrada existe tanto na realidade comum quanto na incomum. Por exemplo, entre os xamãs de povos indígenas da Califórnia, o acesso é uma fonte, em particular, uma fonte termal. Assim, os xamãs ganharam a fama de viajar centenas de quilômetros pelo subsolo, entrando numa fonte termal e emergindo em outra. Na Austrália, entre o povo aborígene chepara, havia a crença de que os xamãs mergulhavam no solo e saíam onde bem entendessem, enquanto os xamãs da Ilha Fraser, na Austrália, "entravam na terra e saíam novamente a uma distância considerável".[10] Da mesma forma, um xamã dos !Kung, povo bosquímano do deserto de Kalahari, no Sul da África, relatou:

> Meu amigo, eis o caminho desse poder [n/um]. Quando o povo canta, eu danço. Penetro o solo. Entro num lugar onde o pessoal mata a sede [olho d'água]. Percorro uma distância bem longa.[11]

Indígenas californianos utilizam como entrada a base oca de um toco de árvore. Entre os aruntas (arandas), outro povo aborígene australiano, a entrada para o Mundo Inferior era feita por uma árvore oca.[12] Os indígenas shipibo-conibo me ensinaram a seguir as raízes da gigantesca árvore catauá (*catahua*) solo adentro para alcançar o Mundo Inferior. No EXC, as raízes se transformaram para mim e meus amigos shipibo-conibo em serpentes negras sobre cujos dorsos deslizamos para alcançar mundos de florestas, lagos, rios e cidades estranhas, brilhantes como o dia, iluminadas por um sol que sumiu do mundo comum lá em cima – pois essas jornadas eram noturnas.

Outros xamãs acessam o Mundo Inferior por meio de cavernas, galerias escavadas por animais e até tocas especiais no piso de chão batido das casas. Por exemplo, entre o povo twana, do litoral noroeste da América do Norte, consta que muitas vezes a crosta terrestre foi rompida fisicamente para a descida.[13]

Em geral, as entradas ao Mundo Inferior são feitas por um túnel ou tubo que conduz o xamã a uma saída que se abre em paisagens brilhantes e maravilhosas. Dali o xamã viaja para onde quiser durante minutos ou até mesmo horas, retornando enfim por essa estrutura tubular (que neste livro eu chamo de túnel) para emergir na superfície, por onde entrou. Uma boa descrição de um xamã usando esse método clássico e difundido é dada por Rasmussen sobre o povo esquimó iglulik, da baía de Hudson:

> Para os [xamãs] mais ilustres, um caminho direto se abre a partir da casa de onde invocam seus espíritos auxiliares. Essa estrada

penetra terra adentro, se estiverem numa barraca na praia, ou mergulha no mar, se estiverem numa cabana de inverno sobre o gelo oceânico. Por essa rota, o xamã é conduzido para baixo sem encontrar obstáculos. Praticamente desliza como se estivesse escorregando por um tubo tão ajustado ao seu corpo que consegue verificar seu progresso tateando os lados e não precisa se apressar na descida. Esse tubo lhe é mantido aberto por todas as almas de seus homônimos, até o xamã retornar à superfície terrestre por esse mesmo caminho.[14]

Quando o xamã esquimó volta de sua jornada ao Mundo Inferior, o pessoal na tenda ou iglu "escuta sua chegada de longe; o alvoroço de sua passagem pelo tubo, mantido aberto para ele por seus espíritos, se aproxima cada vez mais, e com um poderoso 'Plu-ah-hi-hi', ressurge em seu lugar atrás da cortina".[15]

Para muitos de nós, envolvidos no trabalho xamânico, o interior do túnel não é restritivo nem incômodo. É espaçoso e permite fácil circulação. Às vezes, os obstáculos no túnel obstruem a passagem, mas é possível encontrar uma brecha ou abertura para atravessar. Com paciência, a pessoa segue adiante sem ter que desistir da viagem e voltar para casa.

Às vezes, quando se enfia nessa toca, o xamã sobe ou desce um córrego ou riacho, o qual pertence ou não pertence claramente ao túnel. Assim, um xamã tavgi samoieda, contando sua primeira jornada adentro do Mundo Inferior, relatou:

> Corri o olhar em volta e notei um vão na terra... O buraco se tornou cada vez maior. Descemos [ele e seu companheiro espiritual guardião] por ele e chegamos a um rio que fluía em direções opostas. Meu companheiro desafiou:
> – Certo, descubra essa também! Uma parte corre do centro ao norte, e outra para o sul: o lado ensolarado.[16]

Os melhores xamãs não só enxergam no EXC, mas ouvem, sentem e até experimentam comunicações ou sensações além dos sentidos corriqueiros. Assim, esse xamã samoieda ouviu seu espírito guardião. E desse modo, na Califórnia, uma xamã indígena pomo me contou como sentiu um gigantesco animal de poder se movimentando embaixo dela enquanto ela percorria o túnel no interior da montanha.[17]

Entre o povo indígena bellacoola, do litoral noroeste dos Estados Unidos, cada moradia tinha um buraco no piso de chão batido, usado como acesso para o Mundo Inferior:

> O mundo abaixo de nós se chama [...] Asiutã´nEm. Descrições [do Mundo Inferior] são obtidas principalmente de xamãs que acreditam ter visitado essa terra durante um transe. Uma anciã relatou que nos tempos de menina visitou [o Mundo Inferior] durante um transe. Disse que entrou [...] por uma toca existente em cada lar, acessada entre o limiar da porta e a lareira.[18]

Em uma similaridade extraordinária, o povo zuni, do sudoeste dos Estados Unidos, em suas *kivas* (câmaras cerimoniais) circulares, entra no Mundo Inferior por um buraco no chão. A diferença principal é que o orifício, chamado *sipapu*, fica no chão entre a lareira e a parede (o limiar da porta é o telhado).[19] Esses *sipapus* eram comuns nas *kivas* pré-históricas dos povos pueblanos, mas ausentes nas de alguns pueblanos atuais. Curiosamente, nas aldeias zunis, o *sipapu* sobrevive em *kivas* de formato circular, como também perduram as sociedades de medicina xamânica.[20] Não tenho provas concretas, mas penso que os membros dessas sociedades de curandeiros zunis, em meio a seus transes, utilizavam esses buracos para acessar o Mundo Inferior. Isso não me surpreenderia nem um pouco. Porém, de acordo com a visão etnológica ortodoxa, o *sipapu* da *kiva* é um mero "símbolo que representa a abertura mítica ao submundo por onde nossos ancestrais supostamente chegaram ao mundo".[21] Outro povo pueblano, os hopis, ao contrário dos zunis, não têm *sipapus* no piso de suas *kivas*.[22] Porém, acreditam que uma formação rochosa peculiar, situada a certa distância deles, com uma abertura no topo, é o *sipapu* original, a entrada ao Mundo Inferior (ver Figura 2).

FIGURA 2. *Sepapu* [*sipapu*]. Para o povo hopi, o acesso ao Mundo Inferior. Situado no Grand Canyon, a oeste das aldeias hopis. (Fonte: Centro de Astrogeologia, EUA, Pesquisas Geológicas.)

Existe uma nítida possibilidade, não comprovada, de que os hopis o utilizem em visualizações xamânicas para jornadas ao Mundo Inferior. Entre os povos pueblanos, o trabalho da sociedade de curandeiros é altamente secreto. Por isso, quem não é hopi não tem como afirmar com certeza. Altamente sugestiva, a pintura de um artista hopi contemporâneo, intitulada "Se Pa Po Nah" [sipapu-nah], mostra a experiência do túnel em forma de mandala (ver Figura 3).

A propósito, os círculos concêntricos das mandalas muitas vezes se assemelham ao aspecto estriado que o túnel costuma apresentar, e a meditação com a mandala conduz a uma experiência parecida com a entrada no túnel. Como Joan M. Vastokas observou, de modo perspicaz, em sua discussão sobre certos aspectos da arte xamânica: "[...] o motivo concêntrico parece característico da própria experiência visionária e representa a abertura pela qual o xamã penetra no Mundo Inferior ou no Céu, e, assim, transcende o universo físico".[23]

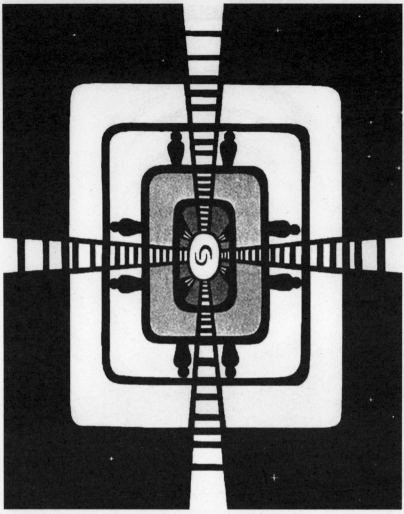

FIGURA 3. *Se Pa Po Nah [sipapu-nah]*. Pintura contemporânea do artista Milland Lomakema (Dawakrema), da etnia hopi. (Fonte: *Hopi Painting: The World of the Hopis*, de Patricia Janis Broder. Nova York: Duton, 1978.)

Assim, como aponta essa pesquisadora, as máscaras dos xamãs esquimós do Alasca às vezes têm a forma de "círculos concêntricos que irradiam de um vácuo central". A Figura 4 mostra uma dessas máscaras e sua semelhança surpreendente com o túnel estriado.

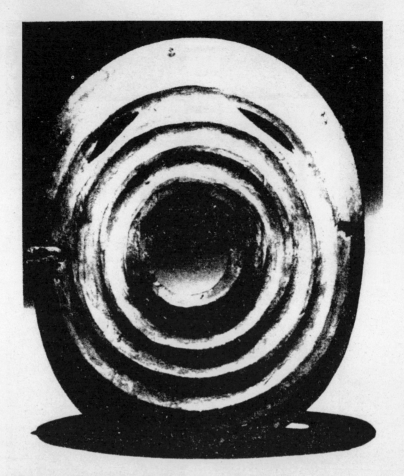

FIGURA 4. Máscara de xamã esquimó. Século 19, baixo curso do rio Yukon. Fonte: Museu Nacional de História Natural, Instituto Smithsonian. (Fotografia: Victor E. Krantz.)

No budismo tibetano, também com fortes influências do xamanismo,* um tipo complexo de mandala tem no centro um círculo em forma de túnel, que serve como local de entrada para os mundos dos deuses e espíritos representados ao seu redor (observe na Figura 5 a *tanka* tibetana e sua notável semelhança com a entrada do

---

*   Grande parte das culturas asiáticas foi absorvida pelo budismo tibetano. Tal fato também ocorreu com a antiga prática xamânica dos povos do Tibete, o *bön-po*, que foi assimilada pela forma tibetana do budismo Mahayana, conhecida por lamaísmo. [N. de RT.]

Mundo Inferior pintada pelo artista hopi na Figura 3). Com a ajuda da escuridão e do rufar do tambor, o xamã não se concentra na mandala, mas ruma direto ao túnel e, depois, ao além.

FIGURA 5. Mandala de Kunrig. Tanka budista tibetana em tecido, por volta do século 15. (Fonte: Museu Real de Ontário.)

PRIMEIRA JORNADA

Agora você está pronto para seu primeiro exercício experiencial de xamanismo, que consiste numa singela jornada exploratória pelo túnel Mundo Inferior adentro. A sua missão se resume a cruzar o túnel, talvez vislumbrar o que está além e, em seguida, retornar. Antes de começar, certifique-se de ter entendido essas instruções na íntegra.

Para levar a cabo o exercício, são necessários um tambor (ou gravação de percussão xamânica) e um ajudante para tocar o tambor.* Se você não tiver tambor, CD ou uma gravação, peça para alguém segurar um livro de capa dura perto de sua cabeça e, usando uma colher de madeira como baqueta, tamborile na capa em ritmo rápido. Embora esse recurso improvisado funcione, serve apenas de quebra-galho e tem menos eficácia do que um tambor de verdade.

Antes de realizar este ou qualquer outro exercício xamânico, espere até se sentir calmo e relaxado. Evite por um dia o consumo de substâncias psicodélicas ou alcoólicas. Assim, você limpa a mente de imagens confusas e consegue se centrar e se concentrar. Faça uma refeição frugal ou jejue nas quatro horas anteriores. Procure um quarto escuro e silencioso. Tire os sapatos, solte a roupa e deite-se à vontade no chão, mas sem travesseiro. Respire fundo algumas vezes. Relaxe braços e pernas. Fique deitado por uns minutos e contemple a iminente missão. Feche os olhos e coloque a mão ou o antebraço sobre eles para impedir a entrada de luz.

Em seguida, visualize na terra uma abertura em que você se lembre de algum momento de sua vida. Uma abertura que o remeta à infância, que você tenha visto na semana passada ou até mesmo hoje. Qualquer tipo de entrada no solo serve: uma toca feita por um animal escavador, uma caverna, um toco de árvore oco, uma nascente ou um pântano. Uma escavação humana. Quando realmente sentir-se à vontade e visualizá-la bem, você saberá que encontrou a abertura certa. Passe uns minutos olhando o buraco sem entrar nele. Perceba os detalhes com clareza.

Nesse ponto chegou a hora de instruir seu companheiro a bater no tambor, uma batida forte, monótona, constante e rápida. Não deve haver contraste na intensidade das batidas do tambor nem nos intervalos entre elas. Em geral, um andamento de 205 a 220 batidas por minuto é eficaz para essa jornada. Saiba que a viagem dura uns dez minutos. Ao final desse tempo, o assistente deve sustar a percussão,

---

* Consulte no Apêndice A informações sobre tambores e cds.

não antes de bater com força quatro vezes no tambor, sinalizando que é hora de voltar. Ato contínuo, o percussionista imediatamente bate o tambor acelerado, por cerca de meio minuto, para acompanhá-lo na viagem de volta. Então, para sinalizar que a jornada acabou, conclui com mais quatro batidas do tambor, fortes e pausadas.

Quando a percussão começar, visualize a sua habitual abertura para dentro da terra, entre nela e comece a jornada. Desça pelo vão e acesse o túnel. A princípio, o túnel é escuro e sombrio. A descida ao subterrâneo é suave, mas às vezes tem trechos íngremes. Partes do túnel aparentam ser estriadas e outras, arqueadas. De vez em quando, a pessoa atravessa o túnel tão rápido que nem percebe. No meio do túnel talvez surja um muro natural de pedra ou outro obstáculo qualquer. Se isso acontecer, contorne ou ache uma brecha. Se isso der errado, volte e tente de novo. O importante é fazer a jornada sem se esfalfar muito. Siga as instruções e será relativamente fácil. O sucesso em fazer o percurso e enxergar depende de uma atitude que fica entre o esforço exagerado e a falta de esforço.

O túnel se abre para o ar livre. Perscrute o entorno detalhadamente, esquadrinhe a paisagem e não se esqueça de suas características. Explore o ambiente até receber o sinal para voltar. Em seguida, entre no túnel e faça o caminho inverso. Não traga nada de volta com você! Essa jornada é apenas exploratória.

Ao emergir na superfície, fique em posição sentada e abra os olhos. Não desanime caso não obtenha sucesso na primeira tentativa. Tente de novo, com a percussão em ritmo mais lento ou mais rápido. Pessoas diferentes exigem um andamento rítmico diferente em ocasiões diferentes.

Conclua o exercício e descreva ao seu companheiro o que viu para não se esquecer dos detalhes da experiência. Tome notas ou faça um áudio. Ao recordar os detalhes, você começa a acumular seus conhecimentos sobre o EXC.

Em minhas oficinas, algumas pessoas gentilmente me revelaram suas experiências durante esse primeiro exercício. Talvez seja instrutivo comparar sua experiência com a deles. Eis alguns de seus relatos, precedidos por meus comentários. Observe que, às vezes, eles mencionam que em meio à viagem eu os chamei de volta. Costumo fazer isso em sessões de grupo com o simples intuito de coordenar os participantes.

JORNADAS

Entrevistei pessoas que empreenderam a viagem ao Mundo Inferior pela primeira vez. Os relatos a seguir se baseiam nessas experiências de primeira mão. A maioria dos narradores é composta de estadunidenses de classe média e formações variadas. Em suas descrições, notamos a ausência de expressões qualificadoras como "Imaginei que..." ou "Fantasiei que...". Embaladas pelo tambor e usando o método singelo que acabamos de descrever, essas pessoas tiveram experiências que consideraram reais sob um prisma novo, e muitas as descreveram como as mais profundas da vida delas. Para ter uma experiência comparável, basta usar o método simples recém-descrito.

O primeiro relato fornece uma excelente descrição do frequente aparecimento de círculos concêntricos nas paredes do túnel.

> O tambor começou a bater. Em minha mente, procurei lugares conhecidos que me dessem o acesso de que precisava. Visualizei lugares importantes para mim e que achei que poderiam funcionar, mas parecia que nenhum dava certo. Até que focalizei uma ampla caverna em Pyramid Lake, em Nevada, misteriosa e com uma vista magnífica. Dali de cima dei uma espiada e me pareceu um túnel comprido demais. Por fim, me veio a imagem da caverna majestosa de minha infância, um lugar turístico. O nome é "Ruby Cave"? Acho que sim. Fica na região Sul do país, talvez na Geórgia ou na Carolina do Norte.
>
> O fato é que era cheia de estalactites e estalagmites: uma caverna *de respeito*. Eu me embrenhei numa área escura e estreita e me deparei não com a caverna das minhas fantasias de infância – com animais e dragões e seres de todos os tipos –, mas com

um novo tipo de caverna. Anéis concêntricos de luz e escuridão se abriram ao meu redor e pareciam me conduzir junto com eles. Tive a nítida sensação de que não era eu que andava no túnel, mas de que o túnel andava ao meu redor. Inicialmente circulares, os anéis começaram a mudar de forma e se tornaram elipses verticais, sempre concêntricas e sempre em movimento. Padrões alternados de escuridão e luz nos passavam a vaga impressão de um brilho entre as saliências de um tubo corrugado.

Difícil conter a impaciência naquele túnel que parecia infindável. Mas daí eu me lembrava de que a experiência de atravessar o túnel já era tão boa quanto chegar ao fim do túnel e experimentar o que havia além dele. As elipses se deslocaram da vertical para a horizontal. Um tempinho depois, aos poucos, foram se abrindo nesse eixo horizontal e deram lugar a uma paisagem. Parecia um mar subterrâneo, cinzento e na penumbra. Passei um tempão ali, observando atentamente as ondas subirem, rebentarem e se afastarem abaixo de mim.

O túnel que me trouxe ali tinha uma inclinação suave de uns quinze graus. Mas o céu sombrio acima desse mar subterrâneo me conduziu a outro túnel que fazia uma guinada imediata e descendente de noventa graus. Outra vez, tive a sensação de ser levado através dele e por ele. Novamente as paredes eram os já familiares círculos concêntricos de luz e sombra cuja pulsação praticamente me fazia prosseguir. A sensação não era de estar caindo, mas de fazer um movimento bem ponderado.

Soou o chamado para voltar e fiquei surpreso. Relutante, dei meia-volta, decepcionado por não chegar ao fim do túnel, mas também maravilhado com a experiência. Voltar foi rápido e fácil. A sensação de espanto e descoberta fica com a gente.

A segunda pessoa também usou uma caverna como entrada ao subsolo, mas vivenciou um estado de consciência semelhante ao sono.

Escolhi uma caverna que eu conhecia. Estive lá umas quatro ou cinco vezes. Fica no meio da mata fechada. A boca tem em torno de 1,20 metro de diâmetro. Você desce e se depara com uma grande antessala com várias passagens. E continua descendo montanha adentro. Passei por cima de umas gretas profundas e num ponto fui obrigado literalmente a me espremer; muito difícil fazer aquilo sozinho.

Fui em frente até chegar na parte mais funda da caverna. Ao menos, a parte mais funda que eu já tinha alcançado. Nunca fui mais longe do que isso. Mas desta vez prossegui. Embrenhei-me em outra passagem. Era uma saída! Corri o olhar em volta e vislumbrei uma ilha tropical, com uma grande e bela linha costeira, com pássaros multicoloridos e muita vegetação luxuriante. Um paraíso!

Então voltei. Era quase como se eu estivesse dormindo, mas me conheço bem o suficiente para saber quando estou dormindo. E posso assegurar que eu *não* estava dormindo.

O próximo caso é outro exemplo do uso de uma caverna como entrada:

Tive a impressão de que demorei muito para começar. Enfim me concentrei numa caverna que visitei na França, outrora habitada por humanos primitivos. Enveredei pela entrada e não parei de caminhar por um bom tempo. A altura do túnel era maior que a minha, por isso não tive que me abaixar ou rastejar. Só fui andando em frente, até que a passagem se alargou e desembocou numa grande abertura. Lá fora havia um penhasco. Contornei a colina, galguei um ponto acima da abertura e me sentei. Fiquei ali, admirando os horizontes daquela vista panorâmica. Então voltei.

Pessoas com raro potencial xamânico conseguem, mesmo nesta primeira oportunidade, não só ver, mas também ter experiências sensoriais que envolvem o tato, a audição e o olfato. No exemplo a seguir, a pessoa não só enxergou coisas, mas teve a sensação de escalar com as mãos e os joelhos, a sensação de escorregar e tocar em água gelada.

Comecei numa pequena nascente na propriedade onde moro agora. Tive a impressão de encolher e me esgueirar sob um rochedo.

Entrei num canal minúsculo e úmido e fui subindo a colina por um bom tempo. Uma hora tive que subir engatinhando. Tudo muito escuro ali. E ficou ainda mais escuro quando não consegui mais enxergar a abertura. De repente, começou uma descida brusca; eu não tinha ideia de para onde estava indo. Eu me senti deslizando nas pedras molhadas até cair numa ampla galeria com uma piscina natural. Que água mais gelada!

Avistei uma luzinha do outro lado e atravessei a piscina, que no começo me dava pé. Cheguei a uma parte mais funda e tive que nadar, pois senti que além da luz havia um acesso ao exterior. Nunca vou me esquecer do quanto a água estava fria. No outro lado tinha um pequeno canal em subida íngreme. No fim da caverna havia um prado verdejante com um frondoso carvalho. Sentei-me à sombra da copa e percebi que trajava calça e camisa de couro, à moda indígena.

Curti momentos agradáveis ali, mas chegou a hora de voltar. Não gostei da interrupção, mas, como bom aluno, segui as instruções e voltei ao ponto onde saí da piscina. Descobri que não vestia mais couro; estava de calça jeans e botas de escalada. Retrocedi até emergir outra vez pela nascente, sob o céu cinzento e nublado. Tive a sensação de estar em casa, de retornar ao lugar a que eu pertenço.

No próximo caso, o viajante não só pisou na "turfa úmida e fresca", mas também ouviu o rumorejar da água e sentiu o rosto ao vento no alto duma colina no Mundo Inferior.

No começo tive um probleminha. É que você nos disse para escolher uma abertura para entrar, mas me vieram duas imagens na cabeça. Experimentei a primeira, nada mais que uma espécie de caverna que uma escavadeira tinha feito na encosta de um morro. Escalei o terreno, mas a caverna não conduzia a lugar algum! Não obtive conexão visual com ela.

Então busquei outro lugar, o tronco oco de árvore da propriedade de um amigo meu – estive lá por volta de um mês atrás.

> Enfiei-me tronco adentro e desci por uma estreita abertura que mal permitia a minha passagem. Rastejei de bruços. Em vez da sensação desagradável do barro, apenas uma espécie de turfa úmida e fresca. A certa altura escutei um borbulhar. Um riacho atravessa essa propriedade específica da qual estou falando. Ouvi o barulho d'água, como se eu estivesse passando por baixo do riacho. Venci uma longa distância rastejando, até emergir no topo de uma colina.
>
> Tive sensações ótimas vislumbrando a paisagem ao redor. O vento roçou meu corpo. Foi como se a brisa me preenchesse com bons sentimentos.
>
> Quando você nos mandou voltar, entrei no buraco e comecei a voltar. Fiquei ansioso quando o ritmo do tambor acelerou, meu coração pareceu bater mais rápido, eu não tinha certeza se ia dar tempo de voltar pela abertura apertada. Enfim, você tocou o tambor pela última vez. Foi quando vislumbrei um raio de luz.

No próximo exemplo, a pessoa não só teve a experiência de farejar, mas também descobriu uma nova entrada subterrânea para retornar à superfície.

> Comecei a nadar no oceano. Caí num colossal redemoinho, com centenas de metros ou mais de diâmetro. Fui girando e girando para baixo naquele turbilhão. Para baixo, cada vez mais para baixo, a maior parte da viagem. Fiquei pensando: *Como é que vou pousar com segurança?* Por fim, atravessei aquilo e caí em cima de uma descomunal margarida. Grande o suficiente para amortecer minha queda. Um cheirinho de perfume no ar. Nisso você me mandou voltar. Encontrei uma caverna, ou melhor, um sistema de cavernas, e simplesmente voltei por elas.

O caso a seguir ilustra como a pessoa em EXC aprende novas habilidades, como "nadar através do solo". Com base nessas experiências, os conhecimentos xamânicos vão se acumulando, bem como a habilidade de fazer coisas impossíveis na realidade comum.

Desci ao fundo de um túnel e achei água lá embaixo. Comecei a entrar na água, mas fiquei brincando um pouco por ali, tentando encontrar fendas na rocha. Eu realmente não sabia como passar pelas rochas. Mas nesse processo descobri que, se esticasse os membros e me achatasse um pouco, conseguiria nadar através do solo.

O xamã no EXC também aprende a se metamorfosear em outras formas de matéria, como aconteceu no caso a seguir. Observe como essa pessoa, em meio à transformação radical, não perdeu a consciência simultânea sobre a existência da realidade comum. Em trabalhos xamânicos, é normal uma pequena porção da consciência permanecer no ECC para monitorar a realidade comum e, assim, fornecer uma ponte para um retorno completo e relativamente rápido ao ECC.

Cruzei uma clareira na floresta na qual me lembro de estar quando era bem jovem. A cada passo tive consciência do quanto meu tamanho era pequeno, de como tudo ao meu redor era bem maior do que eu. Era como se eu estivesse num túnel. Escutei todos os sons, senti o aroma da floresta, percebi a dimensão daquilo comparada ao meu tamanho.
    Entrei numa caverna não muito profunda. De repente me dissolvi, tornei-me água para entrar nas rachaduras do fundo. Ao mesmo tempo, continuei também muito ciente do que estava acontecendo aqui na sala, ouvindo você tocar o tambor. Transitei simultaneamente entre as duas realidades. Depois voltei pelo mesmo caminho.

Às vezes, a pessoa, ao atravessar o túnel, perde o rumo ou fica "entalada". Isso acontece até mesmo com xamãs shuar experientes. Se você não encontrar uma saída, relaxe e dê tempo ao tempo. A volta acontece sem esforço, mesmo que um pouco lenta, como no caso a seguir.

Uma vez fui acampar e fiquei observando os esquilos-terrestres, havia uma rede de suas tocas no entorno. Foi por um desses buracos que desci. No começo avancei por esses pequeninos túneis. Cheguei a um ponto em que um túnel quase vertical me fez descer bem rápido. Por um bom tempo prossegui, mas ainda não dava para ver o fim desse túnel. Eu não sabia para onde estava indo e não conseguia parar. A maior escuridão. Por um tempo fiquei um pouco desorientado. A subida foi mais lenta que a descida e a fiz por outro caminho.

Até mesmo xamãs experientes se deparam com obstáculos impenetráveis em sua descida. Não há nada a fazer a não ser retornar, como fez esta pessoa:

Embrenhei-me por uma fonte termal no meio de um rio. Ela meio que irrompe do fundo. Mergulhei e a visualizei como ela é, sem cores nem nada. Acabei acessando um lençol de lava ou magma. Não sabia como fazer para penetrá-lo e viajar por ele. Fiquei preso ali, sem saber o que fazer. Nisso você bateu o tambor para voltarmos, e eu voltei.

Se a pessoa tiver um extraordinário potencial xamânico, inclusive nessa primeira jornada, encontra formas animais, vegetais ou até mesmo humanas, como no próximo caso. As potencialidades deste aluno em particular são reforçadas pelo fato de ter voado em sua primeira experiência. Observe também que, a exemplo do xamã esquimó que mencionamos, ele teve dificuldades para penetrar o solo. Às vezes, o trabalho xamânico é difícil até mesmo para quem mostra um potencial considerável.

Penetrei grandes cavernas que conheço. Lembrei-me de uma área inexplorada e por ali me embrenhei. Por um bom tempo o vão era bem estreito, e tive que realmente me espremer e fazer um esforço para passar. Súbito desemboquei numa vasta galeria. Não parei de andar, andar e mais andar, por um tempão. Eu tinha um longo caminho a percorrer, só que de repente comecei a voar.
 Assim cheguei rápido ao fim do percurso. Lá no centro me deparei com corpos etéreos, espíritos da natureza, dispersos ao

redor. No começo estavam estáticos e depois começaram a dançar ao ritmo do tambor. Ao mesmo tempo e na mesma direção, mas um mais diferente do que o outro. Um estranho sapo de olhos saltados, uma árvore altíssima. Todos se movendo ao som do tambor. Só voltei quando você deu o sinal para voltar.

Animais também foram encontrados no relato a seguir. A pessoa se depara com um "pássaro pterodátilo" e, com a confiança xamânica adequada, sente que não há nada a temer:

Resolvi descer por uma antiga mina abandonada, muito escura. Tive a impressão de que não ia conseguir iniciar a jornada. Havia trilhos no túnel, mas como me locomover neles? Então apareceu um carrinho no qual embarquei. Logo o túnel se tornou mais claro e amarelado. Vislumbrei pequenas câmaras individuais, cada qual com um tipo de animal pré-histórico. Cada um fazia algo, não vi direito o que faziam, mas se mexiam numa agitação incrível.
    Súbito, o carrinho começou a desacelerar. Uma luz amarela ainda inundava o túnel. Eu me virei para olhar os animais, e um deles saiu da parede: um misto de pássaro e pterodátilo rubro-negro. Com seu capuz bateu asas em minha direção. Não senti medo, parecia que ele estava querendo brincar. Aí você nos chamou de volta. A criatura protestou ao chamado como se quisesse que eu ficasse lá. O carrinho começou a retroceder rumo à abertura, e eu voltei.

Em nosso exemplo final de primeira jornada, a pessoa sentiu que trouxe de volta uma entidade benéfica ou benfazeja. Esse é um tipo clássico de trabalho xamânico no qual a pessoa, de modo quase involuntário, realiza sua primeira experiência em EXC. Perguntei se ele já sabia o que eu fazia em minhas oficinas, pois isso poderia explicar sua experiência. A resposta dele foi surpreendente:
    – Tentei, mas não consegui informações sobre a oficina.
    Essa pessoa presumivelmente detém um considerável potencial xamânico.

Comecei numa nascente. Entrei na água e túnel adentro. Emergi por onde fluía outro córrego, uma clareira na encosta da montanha. À minha frente, o Noroeste! Não sei por quê, mas eu sabia que era o Noroeste. Sentei-me. À esquerda, as águas borbulhantes. À direita, a mata verde. Tudo perfeito. No entorno, nada se encaixava, mas o local onde eu estava parecia perfeito.

Então voltei. Saltei nas águas do córrego e vim nadando até a abertura por onde eu tinha começado. Aconteceu uma coisa bizarra. Voltei, saí, mas tive a nítida impressão de que uma entidade veio comigo. Logo atrás de mim. Não era maligna, mas sim benéfica e benevolente.

CAPÍTULO 3
XAMANISMO E ESTADOS DE CONSCIÊNCIA

O xamanismo representa o sistema metodológico de curas mentais-corporais mais difundido e antigo conhecido pela humanidade. Evidências arqueológicas e etnológicas sugerem que os métodos xamânicos remontam a no mínimo 20 ou 30 mil anos. É bem possível que esses métodos sejam ainda mais antigos – afinal, primatas reconhecidos como humanos já circulavam no planeta há mais de 2 ou 3 milhões de anos.

Hoje os conhecimentos xamânicos sobrevivem principalmente entre pessoas que, há pouco tempo, tinham culturas ditas primitivas. Os conhecimentos – adquiridos ao longo de centenas de gerações humanas, em situações de vida e morte – foram preservados. Em seus esforços para manter a saúde e a força, para lidar com doenças graves e enfrentar a ameaça e o trauma da morte, os ancestrais desses povos aprenderam e usaram meticulosamente tais conhecimentos. Esses guardiões dos métodos antigos são muito importantes para nós, pois são raríssimos os registros escritos deixados por essas culturas. Portanto, só existe um modo de aprender os princípios xamânicos: com os professores remanescentes.

Um fato extraordinário sobre os pressupostos e métodos xamânicos é a sua semelhança em regiões longínquas e distantes entre si, desde o sertão da Austrália (onde ainda vivem os aborígenes), até reservas e territórios dos nativos das Américas do Norte e do Sul, da Sibéria, da Ásia Central, das faixas leste e norte da Europa e do sul da África. Até mesmo na literatura histórica mediterrânea clássica, ou da Europa ocidental medieval e renascentista, encontramos evidências de que os mesmos conhecimentos xamânicos básicos existiram nesses locais, até serem praticamente erradicados pela Inquisição.

Em sua obra clássica, *Xamanismo*, Eliade documentou minuciosamente as semelhanças generalizadas nos métodos e crenças xamânicos em grande parte do mundo.[1] É justamente pela consistência desse antigo poder e sistema de cura que Eliade e outros registram com segurança a ocorrência do xamanismo entre povos há muito isolados uns dos outros.[2] Como salienta um antropólogo: "Seja lá onde for que o xamanismo ainda ocorra hoje, seja na Ásia, Austrália, África ou Américas do Norte e do Sul, o xamã atua fundamentalmente da mesma forma e com técnicas semelhantes: é o guardião do equilíbrio psíquico e ecológico de seu grupo e seus membros, é intermediário entre os mundos visíveis e invisíveis, é o mestre de espíritos, é curandeiro sobrenatural, etc.". O xamã "transcende a condição humana e transita livremente pelos diferentes planos cosmológicos [...]".[3]

A notável consistência mundial desses conhecimentos xamânicos básicos também foi realçada por muitos outros antropólogos. Wilbert escreveu o seguinte sobre a natureza do xamanismo entre os indígenas waraos, da Venezuela: "Fica logo aparente para qualquer pessoa familiarizada com a literatura sobre o xamanismo que a experiência dos waraos contém muito do que é basicamente universal [...]". Ele fornece uma extensa lista de práticas e crenças que os xamãs waraos, da América do Sul, compartilham com xamãs nativos de outras partes do mundo, como Austrália, Indonésia, Japão, China, Sibéria, América do Norte e México. Wilbert conclui ainda que há uma "notável correspondência [...] não só no conteúdo geral, mas em detalhes específicos", entre as jornadas xamânicas dos waraos da Venezuela e os wiradjeris da Austrália, mesmo a um oceano e um continente de distância.[4]

A abordagem xamânica do poder e da cura foi mantida de modo essencialmente semelhante nas culturas primitivas, embora representem adaptações radicalmente distintas a ambientes contrastantes e a problemas bem diferentes no que tange à sobrevivência material. Por meio de migrações pré-históricas e isolamento, muitos desses grupos se afastaram de outras divisões da família humana por 10 ou 20 mil anos. Entretanto, ao longo de todos esses anos, os conhecimentos xamânicos básicos se mantiveram praticamente inalterados.

Como isso é possível? Certamente não falta imaginação a esses povos primitivos, que apresentam uma grande diversidade em seus sistemas sociais, arte, economia e muitos outros aspectos de suas culturas. Por que, então, os conhecimentos xamânicos são basicamente iguais em diferentes partes do mundo primitivo?

Simples: porque funcionam. Ao longo de milhares e milhares de anos, por tentativa e erro, povos em situações ecológicas e culturais muitas vezes extremamente contrastantes chegaram às mesmas conclusões quanto aos princípios e métodos básicos do poder e da cura xamânicos.

As culturas antigas em que o xamanismo floresceu careciam das inovações tecnológicas da medicina moderna. Na minha opinião, o baixo nível tecnológico dessas culturas obrigou seus membros a desenvolver ao máximo a capacidade da mente humana para lidar com problemas graves de saúde e sobrevivência. Alguns dos métodos mais interessantes que os humanos dispõem envolvendo as potencialidades da mente na saúde e na cura foram criados por xamãs nessas culturas de baixa tecnologia.

Para levar a cabo seu trabalho, o xamã depende de um poder especial e pessoal, fornecido geralmente por seu espírito guardião e seus espíritos auxiliares. Cada xamã costuma ter a seu serviço no mínimo um espírito guardião e um número variável de espíritos auxiliares. Ruth F. Benedict, em sua obra clássica sobre espíritos guardiões entre os nativos norte-americanos, pontua que o xamanismo "praticamente em toda parte se constrói, de algum modo ou aspecto, em torno do complexo do espírito guardião e da visão".[5]

Não só na América do Norte o espírito guardião é importante. Em outros locais, porém, é chamado por outros nomes na literatura antropológica. Por exemplo, "espírito tutelar" em artigos sobre o xamanismo siberiano, e "nagual" no México e na Guatemala. Na literatura australiana, chama-se "totem assistente", enquanto na literatura europeia é um "familiar". Às vezes, o espírito guardião é chamado meramente de "amigo" ou "companheiro". Seja qual for o nome, é uma fonte de poder fundamental para o funcionamento do xamã.

A maneira mais conhecida de obter um espírito guardião é durante um retiro espiritual num lugar remoto na vastidão selvagem. Uma caverna, o cume de uma montanha, uma imponente cachoeira ou uma trilha isolada à noite, como entre os Shuar. Caminhos xamânicos involuntários e especiais para assegurar um espírito guardião também existem.

É praticamente impossível ser um xamã sem um espírito guardião. Com essa fonte de poder intensa e básica, o xamã domina e lida com os poderes incomuns ou espirituais que normalmente ocultam dos humanos a sua existência e os seus atos. Muitas vezes, o espírito guardião é um *animal de poder*, um ser espiritual que não só protege e serve ao xamã, mas se torna para ele outra identidade ou alter ego.

Ter um espírito guardião não torna a pessoa um xamã. Os Shuar assinalam que todos os adultos, embora nem saibam disso, provavelmente tiveram na infância a proteção de um espírito guardião. Sequer teriam atingido a idade adulta sem esse necessário poder protetor. Em relação aos espíritos guardiões, a principal diferença entre uma pessoa comum e um xamã é que o xamã aplica seu espírito guardião ativamente quando em estado alterado de consciência. Com frequência, o xamã vê e consulta seu espírito guardião, viaja com ele na jornada xamânica, pede-lhe auxílio e o utiliza para ajudar os outros a se recuperar de doenças e ferimentos.

Além do espírito guardião, um xamã poderoso tem vários ajudantes espirituais. Comparados ao espírito guardião, são poderes menores individualmente, mas o xamã com centenas deles à disposição obtém um imenso poder coletivo. Tais espíritos auxiliares exercem funções especializadas em finalidades pontuais. Um xamã leva anos para acumular uma grande equipe deles.

Em termos de aptidões e potencialidades xamânicas, não há quaisquer diferenças óbvias entre gêneros. Em muitas sociedades, como a dos Shuar, por razões econômicas e sociais – razões pouco ligadas à prática do xamanismo em si –, a maioria dos xamãs pertence ao gênero masculino. Mas as mulheres shuar, quando terminam de criar seus filhos e chegam à meia-idade, às vezes se tornam xamãs poderosíssimas. Na Europa medieval e renascentista, viúvas e mulheres idosas também se tornavam xamãs curandeiras, em parte para se sustentar. É claro, a Inquisição as rotulou de "bruxas", como missionários cristãos comumente ainda denominam xamãs em sociedades não ocidentais.

Xamãs atuam especialmente como curandeiros, mas também se dedicam à adivinhação, vislumbrando presente, passado e futuro aos demais membros da comunidade. Xamãs são *videntes*. Aliás, a palavra "vidente" se refere a esse tipo de atividade, herança de nossas quase extintas raízes xamânicas europeias. Um xamã também se dedica à clarividência: visualiza o que está acontecendo em outro lugar no momento presente.

O xamã transita entre as realidades, mágico atleta dos estados de consciência, dedicado a míticas façanhas. O xamã atua como intermediário entre a realidade comum e a realidade incomum, como Castaneda descreveu com dramaticidade. O xamã também é um "agente de poder": manipula o poder espiritual para ajudar as pessoas e colocá-las em equilíbrio saudável.

Um xamã também é solicitado a ajudar quem está triste, isto é, quem perdeu seu espírito guardião pessoal ou mesmo sua alma. Nesses casos, o xamã empreende uma jornada de cura na realidade incomum, a fim de recuperar a alma ou o espírito perdido e devolvê-lo ao paciente. Em outros casos, o paciente de um xamã está sofrendo de uma doença ou dores localizadas. Nesse caso, a tarefa do xamã é extrair o poder nocivo e ajudar a restaurar a saúde do paciente. Existem duas abordagens básicas para a cura xamânica: restaurar os poderes benéficos e extrair os nocivos.

Nessas tarefas de cura, os xamãs precisam viajar entre uma realidade e outra. Em algumas culturas, os xamãs fazem isso tomando substâncias que alteram a mente; em outras culturas, não.⁶ Alguns materiais psicoativos, inclusive, interferem na concentração exigida pelo trabalho xamânico.

Nesse ponto, o xamanismo é interessante: a pessoa que toma a droga é o curandeiro, não o paciente. Só em alguns casos os dois participam. É fácil entender esse contraste com a medicina ocidental. Basta considerarmos que o xamã precisa estar em estado alterado de consciência para levar a cabo o seu trabalho curativo. A ideia é obter acesso à realidade oculta. E a responsabilidade por esse trabalho é do xamã, não do paciente.

Em essência, a iniciação xamânica consiste em aprender – de modo experiencial e gradativo – a alcançar com êxito o estado xamânico de consciência e, nesse estado, ver e empreender a jornada. Em seguida, adquirir pessoalmente a convicção e os conhecimentos sobre seu próprio espírito guardião e, em pleno estado xamânico de consciência, solicitar o auxílio dele para um bem-sucedido aprendizado de como auxiliar os outros como xamã. O xamanismo mais avançado tem como etapa característica obter pessoalmente a convicção e os conhecimentos sobre seus próprios ajudantes espirituais. Etapas ainda mais avançadas, envolvendo importantes categorias de experiências xamânicas, não são abordadas neste livro. Se você tiver sucesso ao experimentar as três primeiras etapas mencionadas, muito provavelmente se tornará um xamã. Entretanto, a iniciação xamânica é um infindável processo de esforço e prazer. Quem vai tomar as decisões definitivas sobre seu status de xamã são as pessoas que você tentar ajudar.

Após aprender a essência do xamanismo – princípios, métodos e cosmologia –, o novo xamã constrói conhecimentos e poderes pessoais por meio das práticas e das jornadas xamânicas. À medida que vai adquirindo esses conhecimentos, o xamã se torna um guia para outras pessoas. Uma pessoa em sua comunidade, por exemplo, tem um sonho ou uma visão e recorre ao xamã para saber o significado daquilo. Com base no que aprendeu experiencialmente até agora, o mestre xamã é capaz de afirmar:

– Sim, o que você experimentou se encaixa aí...

O xamã sempre tenta articular suas reveladoras experiências pessoais como se fossem peças de um grande quebra-cabeça cósmico. Para desvendar esse enigma cósmico, uma longa jornada na experiência xamânica é necessária, mas nem mesmo o mestre xamã almeja aprontar esse quebra-cabeça no período de uma vida mortal.

O verdadeiro mestre xamã não invalida as experiências de outras pessoas. Isso é típico de xamãs menos capazes e menos humildes. Em sua cosmologia, o mestre xamã tenta integrar, de modo holístico, até mesmo as mais inusitadas experiências – com base principalmente em suas próprias jornadas. Se fizer isso com facilidade, provavelmente é um mestre, como aquele xamã shipibo-conibo que me disse:

– Ah, eles estão sempre dizendo isso.

Aquilo que você vivencia nunca é uma fantasia para o mestre xamã. É isso que difere o xamanismo da ciência. Mas o xamã e o cientista têm pontos em comum. Os melhores xamãs e os melhores cientistas, maravilhados com a complexidade e magnificência do universo e da Natureza, percebem que durante a própria vida só observam e compreendem uma pequena parcela do que está acontecendo. Xamãs e cientistas se dedicam pessoalmente a pesquisar os mistérios do universo; xamãs e cientistas acreditam que os processos causais subjacentes de nosso universo estão ocultos da visão comum. Mestres do xamanismo e da ciência não permitem que os dogmas de autoridades eclesiásticas e políticas interfiram em suas explorações. Não por acaso Galileu foi acusado de feitiçaria (xamanismo).

O xamã é um empírico. Segundo o dicionário Webster's, o empirismo é "a prática de enfatizar especialmente a experiência dos sentidos". De fato, para adquirir conhecimentos, o xamã depende basicamente de experiências em primeira mão, sensoriais. Não por isso o mestre xamã deixa de ser humilde. Afinal, nenhum de nós realmente sabe o que está acontecendo. Todo mundo se restringe à sua própria e limitada janela para o universo. Hama-Utce, uma senhora mohave, afirmou:

Cada xamã conta a criação de um jeito, formando um leque de narrativas diferentes. O mesmíssimo evento é abordado de maneira distinta, como se fosse relatado por diferentes testemunhas, incluindo e omitindo detalhes diferentes. É como se um indígena, um negro e um francês o contassem, ou como se eu, meu marido, Hivsu-Tupo-ma (Crueza Queimada) e você tentássemos descrever um acidente de carro que presenciamos.[7]

Xamãs não só detêm os conhecimentos como os colocam em ação. Solicitados a ajudar, entram e saem da realidade oculta para servir à comunidade. Mas poucos xamãs se tornam verdadeiros mestres do conhecimento, poder e cura. Em suas comunidades, cada xamã é alvo de críticas sobre sua proficiência, sobre até que ponto são bem-sucedidos em curar as pessoas. O "currículo" de cada xamã está na boca do povo, e o povo decide a qual xamã recorrer em casos de vida ou morte. Por isso, muitos se tornam xamãs, mas poucos são reconhecidos como fora de série.

ESTADO XAMÂNICO DE CONSCIÊNCIA (EXC)

O xamã opera na realidade incomum só numa pequena janela de seu tempo e só quando necessário para realizar tarefas xamânicas, pois o xamanismo é uma atividade de meio turno. O mestre xamã costuma ser – entre os Shuar, shipibo-conibo, esquimós e a maioria de outros grupos primitivos – um participante ativo nos assuntos econômicos, sociais e até políticos da comunidade. Normalmente é um caçador ou agricultor hábil, um artesão e artista talentoso, um pensador, um honrado membro da família e da comunidade. Essa capacidade do mestre xamã de atuar com sucesso em duas esferas distintas é vista como evidência de poder.

Ele segue os preceitos do xamanismo quando está envolvido nesse tipo de atividade; segue os preceitos da realidade comum quando não está envolvido no trabalho xamânico. Nesse vaivém entre as duas realidades, o xamã transita de modo deliberado e intencional. Seja lá qual for a realidade, o xamã pensa e age de acordo com ela, tendo como meta o domínio de suas atividades incomuns e também das comuns. Para ser um verdadeiro mestre xamã, é preciso dominar com sucesso as ações nesses dois reinos.

As duas realidades pessoais do xamã – incomum e comum – têm seus respectivos estados de consciência. Enfrentar com sucesso cada realidade exige um estado de consciência apropriado a ela. Assim, para atravessar uma rua movimentada, o estado de consciência apropriado é diferente daquele a ser empregado ao entrar no Mundo Inferior xamânico. Um mestre xamã sabe perfeitamente qual é a consciência adequada à situação com a qual se depara. Migra conforme necessário de um estado de consciência a outro.

Essa percepção dualista é típica do xamanismo. Na visão de filósofos diletantes do Ocidente, porém, os povos primitivos seriam incapazes de legitimamente reivindicar uma divisão entre o mundo comum e o mundo oculto e, portanto, de fazer uma distinção entre eles. Como expliquei antes, os Shuar não só fazem essa divisão conscientemente, mas atribuem uma importância muito maior ao incomum ou oculto.[8] Concordo com Ake Hultkrantz quando ele afirma:

> Se esses povos [primitivos] não estabelecem conscientemente essa dicotomia – coisa que às vezes fazem –, de fato ordenam inconscientemente suas cognições de acordo com esse modelo. O transe xamânico é uma prova disso. O mundo do êxtase em que o xamã mergulha é o mundo dos poderes e agentes sobrenaturais. O xamã trafega em dois mundos: fora do transe, vive o cotidiano de sua tribo; dentro do transe, é parte integrante do mundo sobrenatural. Compartilha com os espíritos suas potencialidades: a capacidade de voar, de se transformar, de se tornar um só com seu espírito auxiliar e assim por diante.[9]

Aqui enfatizo uma distinção entre as experiências que a pessoa tem no Estado Xamânico de Consciência e no Estado Comum de Consciência, algo parecido com o que Castaneda faz entre a realidade incomum e a realidade comum. Essa distinção não costuma ser observada nas conversas dos xamãs com outros xamãs, ou deles com ocidentais. Se um xamã shuar contasse o seu dia a dia a você, um ocidental, essas experiências e façanhas soariam absurdas ou impossíveis – que, com seu poder xamânico, rachou ao meio uma imponente árvore a quilômetros de distância; que viu um arco-íris invertido no interior do peito de um vizinho; que, ao mesmo tempo, está fazendo uma nova zarabatana ou que foi caçar na manhã anterior.

Povos primitivos como os Shuar não exibem uma mente primitiva "pré-lógica", como afirmariam certos filósofos ocidentais. O problema não é esse. O problema é que, do ponto de vista xamânico, o ocidental é simplesmente pouco sofisticado. Para seus companheiros de tribo, o Shuar não precisa especificar seu estado de consciência quando experimentou algo. Para bom entendedor, meia palavra basta. Eles já sabem, porque aprenderam quais tipos de experiências ocorrem no EXC e quais ocorrem no ECC. Só os forasteiros ocidentais carecem dessa base.

A sofisticação dos Shuar está longe de ser exclusiva; na verdade, isso acontece em praticamente todas as culturas xamânicas. Pena que os observadores ocidentais, com reduzida experiência em estados alterados de consciência, muitas vezes fracassam em indagar: em qual estado cognitivo seus informantes nativos se encontravam quando tiveram experiências "impossíveis"? O antropólogo australiano W. E. H. Stanner acerta em cheio:

> Para os europeus, é facílimo se deparar com essas coisas pela primeira vez e supor que "misticismos" desse tipo governem *todo* o pensamento aborígine. Não é bem assim. Na vida aborígene, a presença do pensamento "lógico" e da conduta "racional" é tão ampla quanto nos níveis mais singelos da vida europeia... Quer ver uma brilhante demonstração de pensamento dedutivo? Acompanhe [um aborígene] seguindo os rastros de um canguru ferido e o convença a explicar por que interpreta cada sinal assim ou assado.[10]

Em outras palavras, somos mais limitados que os povos primitivos, já que não compreendemos a natureza dualista de suas experiências e o respeito que conferem a elas. A nossa cultura ocidental não é xamânica. Por isso, é necessário, ao ensinar o xamanismo, esclarecer as distinções entre EXC e ECC, entre a realidade incomum e a realidade comum, como faz Castaneda. Quando – e se – você se tornar um xamã e conversar com outros xamãs, vai achar tão desnecessário quanto um shuar ou um aborígene australiano especificar o estado de consciência em que estava quando teve uma experiência particular. Seu público, se for composto por gente conhecedora, há de saber.

O componente de estado alterado de consciência do EXC inclui vários graus de transe, desde o essencialmente leve (como muitos xamãs indígenas norte-americanos) ao muito profundo (como os lapões, em que um xamã parece temporariamente comatoso). De fato, esse espectro inteiro é relatado por xamãs siberianos. Salienta Hultkrantz: "É enganoso, portanto, afirmar que todos os transes xamânicos têm invariavelmente a mesma profundidade".[11] Da mesma forma, Eliade observa: "Entre os ugrianos, o êxtase xamânico é, antes de um transe, um 'estado de inspiração'. Enquanto enxerga e ouve espíritos, o xamã é 'arrastado para fora de si mesmo', viajando em êxtase através de regiões distantes, mas sempre consciente. Um visionário movido a inspiração. Basicamente, a experiência é extática, mas o principal meio de obtê-la, como em outras regiões, é a música mágico-religiosa".[12]

Uma coisa é certa: *algum* grau de alteração de consciência *é* necessário à prática xamânica. Muitas vezes, observadores ocidentais, externos às culturas xamânicas, não perceberam o transe leve do xamã, exatamente porque não tinham experiência xamânica pessoal. Hultkrantz observa com sagacidade:

> Aparenta estar lúcido, mas na verdade está ocupado com visões interiores. Eu mesmo testemunhei um xamã norte-americano realizar uma cura em um contexto de lusco-fusco não facilmente descoberto por um observador externo. Mais tarde, ele me contou as coisas que viu durante a cura, e fiquei convencido de que ele estivera em um transe leve.[13]

Antes de assumir o xamanismo, num momento crucial de sua vida, talvez o xamã tenha entrado nesse estado alterado de consciência muito profundamente, mesmo com várias exceções individuais e culturais. Essa experiência ocorre, às vezes, durante a busca intencional da visão para conquistar o poder do espírito guardião. Outras vezes, ocorre no clímax de uma doença grave, como entre alguns nativos norte-americanos e sul-americanos, bem como na Sibéria nativa. Em geral, essa experiência radicalmente profunda e reveladora encoraja o indivíduo a seguir o caminho do xamã. No meu caso, isso aconteceu entre os indígenas shipibo-conibo, em 1961, quando tive minha primeira experiência psicodélica.

Nesta obra, procuro evitar a palavra "transe", porque nossas concepções culturais ocidentais em relação a esse termo sugerem um estado inconsciente. Outro que evita o uso de "transe" é Reinhard: "[...] tentamos mostrar que, na verdade, o xamã transita em um estado psíquico incomum, que não significa perda de consciência, mas um estado alterado de consciência".[14]*

É no EXC que a pessoa "vê" xamanicamente. É o equivalente a expressões como "visualizar", "representar por imagem" ou – entre os aborígenes australianos – "usar o olho forte".[15] Essas visões acontecem em estado alterado de consciência, mas rejeitá-las como alucinações seria fazer um pré-julgamento não empírico, avesso a obter *insights* em primeira mão. Para o renomado antropólogo australiano A. P. Elkin, a

---

* A definição mais aceita sobre estado alterado de consciência é a de Arnold M. Ludwig: "Qualquer estado mental – induzido por várias manobras ou agentes fisiológicos, psicológicos ou farmacológicos – reconhecido pelo próprio indivíduo subjetivamente (ou por um observador objetivo do indivíduo) como representativo de um desvio suficiente na experiência subjetiva ou funcionamento psicológico de certas normas gerais para esse indivíduo durante a consciência alerta e em vigília" (Ludwig, 1972, p. 11). A definição de Ludwig é problemática, pois sugere que um estado "alerta e em vigília" é incompatível com o estado alterado de consciência. No EXC, o xamã está muito alerta, mesmo sem estar totalmente em vigília ou desperto. Quando em EXC, só em breves momentos o xamã deixa de estar alerta e desperto. Não raro, em EXC, o xamã está ao mesmo tempo alerta e em vigília. Katz (1976a, p. 282-283), em seu estudo sobre a cura em transe pelo xamã do povo bosquímano !Kung, também expressa reservas sobre a definição de Ludwig.

visão de um xamã aborígene "não é mera alucinação. É uma formação mental visualizada e exteriorizada, que existe inclusive por um tempo independente de seu criador. [...] Enquanto experimenta a visão, a pessoa não consegue se mexer, mas está consciente do que está acontecendo ao seu redor. Membro da tribo kattang, do Estado australiano de New South Wales, um xamã me disse que [...] enxergava e sabia o que estava acontecendo, mas parecia estar morto, sem sentir nada".[16]

Normalmente, o xamã que sai do EXC e volta ao ECC recorda plenamente das experiências. Isso não acontece a quem retorna do transe característico do médium espírita ocidental ou do participante de danças caribenhas ou javanesas de possessão de espíritos.[17] Em outras palavras, o EXC não costuma envolver amnésia. No EXC, o xamã segue parcialmente consciente da realidade comum do ambiente físico ou material onde se encontra. O assistente precisa bater o tambor para que a percussão mantenha o xamã nesse leve transe do EXC. Se o tamborilar for interrompido, o xamã volta rapidamente ao ECC e, assim, não obtém êxito em seu trabalho.

As ferramentas básicas para entrar no EXC são o tambor e o chocalho. O xamã restringe o uso do tambor e chocalho principalmente para evocar e manter o EXC. Assim, no inconsciente, estabelece uma associação automática entre o uso desses instrumentos e o trabalho xamânico sério. O som constante e monótono do chocalho e do tambor, repetidamente associado ao EXC em ocasiões anteriores, torna-se um gatilho para seu cérebro retornar ao EXC. Alguns minutos do conhecido chocalhar e/ou tamborilar já fazem o xamã experiente alcançar o transe leve em que a maioria dos trabalhos xamânicos se desenrola.

A sonoridade repetitiva do tambor é fulcral para levar a cabo as tarefas xamânicas no EXC. Não à toa xamãs siberianos e outros às vezes chamam seus tambores de "cavalos" ou "canoas" que os transportam entre o Mundo Superior e o Mundo Inferior. A batida constante e monótona do tambor atua como uma onda que leva o xamã a entrar no EXC e depois manter a jornada.

A importância do tambor como "montaria" ou "corcel" é ilustrada por estes versos xamânicos entoados pelos tuvanos (soyots) da Sibéria:

TAMBORES XAMÃ

Ah! Meu tambor multicor
Que fica no meu cantinho
Ah! Meu tambor pintado e alegre,
Aqui comigo
Força no ombro e no pescoço!

Ouça, ah, ouça, meu corcel – ó corça-do-cáspio!
Ouça, ah, ouça, meu corcel – ó urso
Ouça, ah, ouça [urso]!

Ah, tambor multicor no meu cantinho
A corça e o cervo-do-cáspio – meus corcéis!
Silêncio e sonoro, ó tambor,
Feito de pele, ó tambor
Meu desejo satisfaça

Como nuvem que esvoaça
Me leve à terra do crepúsculo
Plúmbeo céu adentro,
Planando ao vento
Nos pincaros![18]

Neher, em pesquisas de laboratório, demonstrou que o som do tambor desencadeia mudanças no sistema nervoso central. A estimulação rítmica afeta a atividade elétrica em "muitas áreas sensoriais e motoras do cérebro, normalmente não afetadas, por meio de suas conexões com a área sensorial estimulada".[19] O tambor abrange muitas frequências sonoras e transmite impulsos simultâneos a várias bandas de frequência ao sistema nervoso central. Por sua baixa frequência, as batidas do tambor transmitem mais energia ao cérebro do que estímulos sonoros de frequência mais alta. Conforme Neher, isso acontece porque "receptores auditivos de baixa frequência são mais resistentes a danos do que os delicados receptores de alta frequência e aguentam maior amplitude sonora antes de sentir dor".[20]

Pesquisas recentes sobre as danças espirituais xamânicas dos indígenas salish do litoral Noroeste sustentam e expandem as descobertas de Neher: o ritmo do tambor induz um estado alterado de consciência. Com a ajuda de eletroencefalogramas (EEGs), Jilek e Ormestad investigaram os procedimentos de iniciação xamânica usando o tambor dos salish (feito com pele de veado). Os pesquisadores constataram o predomínio de batidas de tambor na faixa de frequência de ondas teta (quatro a sete ciclos por segundo) no EEG. Essa faixa de frequência é a "mais eficaz na produção de estados de transe", afirma Jilek.[21]

Um complemento a essas pesquisas seria fazer a telemedição dos xamãs com EEG durante o trabalho em EXC. É provável que esse tipo de investigação conduza à descoberta de que o EXC basicamente envolve o nível teta e também o nível alfa menos profundo.

O agitar do chocalho xamânico estimula no cérebro bandas de frequência mais alta que o tambor, reforçando as batidas do tambor e aumentando ainda mais o efeito sonoro total. O som dos chocalhos tem frequência mais alta, entretanto, a maioria deles apresenta amplitude baixa o suficiente para não causar dor nos receptores do ouvido.

Às vezes, é o próprio xamã que opera o tambor para entrar no EXC. Mas a chegada plena exige que um assistente assuma a tarefa de manter o ritmo do tambor, como entre o povo tungue da Sibéria, e sustentar o estado alterado de consciência do xamã.[22] Uma técnica alternativa entre os tungues é deixar que toda a percussão seja feita por um assistente, antes mesmo de o xamã entrar no EXC. Esse é o método que eu prefiro, pois, caso contrário, as exigências físicas de bater o tambor interferem na minha transição para o EXC. O xamã ainda precisa, contudo, regular a velocidade do tambor, pois só ele é capaz de sentir a adequação do ritmo. Nas técnicas que adoto, eu balanço o chocalho, primeiro em ritmo lento. Conforme sinto necessidade, acelero o ritmo. O som do chocalho não serve apenas de guia ao baterista, mas também complementa o efeito do tambor com uma frequência sônica mais alta. Nesse método, quando o xamã enfim acessa o EXC, não consegue mais agitar o chocalho. Nisso o percussionista assume o ritmo e continua a batucar no mesmo andamento que estava o chocalho.

Porém, quando o assistente do xamã tungue se encarrega de fazer toda a percussão desde o começo, o xamã não usa o chocalho. Em vez disso, ele define o ritmo dançando. Sininhos e penduricalhos metálicos em seu traje conduzem o tambor e o complementam com sonoridades de frequência mais alta.[23] Essa técnica contribui com movimentos corporais ao sistema nervoso do xamã, que combinam com os sons, pois, como observa Shirokogoroff, "[...] a 'dança' é em parte evocada pela necessidade de gerar sons rítmicos".[24]

A transição para o EXC também é estimulada pelo canto. O xamã costuma ter "canções de poder" especiais que ele entoa nesses momentos. A letra varia um pouco de xamã para xamã na mesma tribo. Entretanto, a melodia e o ritmo das canções são compartilhados por uma região tribal específica; não se configuram invenção do xamã individual.

As canções tendem a ser repetitivas e relativamente monótonas, aumentando o ritmo à medida que o xamã se aproxima do EXC. Exercem a função latente de afetar as atividades do sistema nervoso central, prática análoga aos exercícios respiratórios da ioga – embora eu não conheça pesquisas que determinem isso. Muitas vezes, o xamã é ajudado no EXC pelos membros da plateia, que passam a cantar junto com ele. A letra ajuda a evocar o EXC e tende a reafirmar o poder do xamã e a invocar seus guardiões e ajudantes espirituais.

O componente aprendido do EXC inclui atribuição de realidade plena às coisas que se vê, sente, ouve e demais experiências no estado alterado de consciência. O xamã não encara essas experiências empíricas em primeira mão como fantasia, mas como realidade imediata. Ao mesmo tempo, o xamã reconhece a separação entre as realidades do EXC e do ECC e não confunde as duas: ele sabe quando está numa ou noutra e entra em cada uma por escolha própria.

No EXC, usa preceitos aprendidos que incluem o pressuposto de que animais, plantas, humanos e outros fenômenos vistos no estado alterado de consciência são plenamente reais, dentro do contexto da realidade imaterial ou incomum em que são percebidos. O xamã entra no EXC para ver e interagir com essas formas imateriais. Por outro lado, no ECC, essas formas são invisíveis para o xamã e não fazem parte da realidade comum dele nem de outras pessoas.

O aspecto aprendido do EXC envolve um profundo respeito por todas as formas de vida, a humilde consciência de que dependemos das plantas, dos animais e até da matéria inorgânica do nosso planeta. O xamã sabe que os humanos estão aparentados com todas as formas de vida, que temos "parentesco" com todas elas, como diz o povo lakota sioux. É com o respeito e a compreensão de um familiar que o xamã aborda, tanto no EXC quanto no ECC, as outras formas de vida. Reconhece nelas a antiguidade, o parentesco e os pontos fortes especiais.

Ao entrar no EXC, portanto, o xamã mostra reverência pela Natureza, pelas forças inerentes das espécies animais e vegetais do mundo selvagem, por sua tenacidade para sobreviver e florescer ao longo das eras da existência planetária. A Natureza, abordada num estado alterado de consciência com respeito e amor, está pronta para revelar coisas não verificáveis num estado comum de consciência. É nisso que o xamã acredita.

Muitas tribos indígenas norte-americanas ainda preservam uma visão essencialmente xamânica da realidade. Por exemplo, os hopis afirmam:

> Todas as vidas são uma só – e igual – vida. Nesse mundo humano em que ele vive, todos os animais, pássaros, insetos, todos os seres vivos, inclusive árvores e plantas, só aparecem com máscaras, ou seja, nas formas em que normalmente os vemos. A ideia é que todos esses seres e entes vivos que conosco compartilham a centelha da vida certamente vivem em formas humanas como a nossa em outros lares. Portanto, todos esses seres vivos são considerados humanos e, às vezes, vistos em suas próprias formas, até mesmo na terra. Se uma criatura dessas é morta, sua alma retorna ao seu próprio mundo, do qual nunca mais sai, mas os descendentes dessa criatura tomam seu lugar no mundo humano, geração após geração.[25]

É possível aprender a enxergar xamanicamente os aspectos incomuns dos fenômenos naturais, até mesmo em plena luz do dia. Por exemplo, aprendi a próxima técnica, a litomancia ou adivinhação com pedras, com um curandeiro lakota sioux. Ele utiliza as pedras para obter respostas. Primeiro, escolha um problema para o qual você deseja uma resposta. Rume a um descampado até que uma pedra no solo, de bom tamanho (no mínimo dois punhos), atraia sua atenção. Recolha essa pedra e a conduza a um local onde possa se sentar com ela em posição confortável.

Coloque a pedra no chão à sua frente e faça a pergunta para a qual deseja resposta. Analise minuciosamente a superfície superior da pedra até distinguir uma ou mais criaturas vivas formadas por suas fendas, linhas e outras irregularidades. Isso talvez demore alguns minutos.

Quando estiver seguro de que discerniu um ou mais animais, plantas, insetos, rostos, formas humanas ou outras entidades na superfície da pedra, é o momento de pensar: o que a pedra está tentando lhe dizer sobre o problema que você colocou? Mentalmente fixe sua conclusão e em seguida vire a pedra. Repita o mesmo processo de ver e pensar, agora usando a nova superfície. Se a pedra for espessa o suficiente, repita o processo com os dois lados que restam.

Depois analise em silêncio: de que modo as comunicações individuais de cada um dos quatro lados se unem para formar uma mensagem que sirva de resposta à sua pergunta? Por fim, com respeito e gratidão, devolva a pedra ao lugar e à posição onde você a encontrou.*

Após ganhar experiência xamânica suficiente, é hora de aplicar essa técnica para ajudar outras pessoas. Faça a pessoa seguir as mesmas etapas descritas acima. A diferença é que vocês dois participam do processo de visualizar a resposta ao problema dela. À medida que cada face é encarada, deixe primeiro o paciente descrever e analisar

---

* Recomendamos que ninguém apanhe pedras em locais afastados sem ter absoluta certeza do que está fazendo. Muitos usam essas técnicas, mas, ao levar uma pedra dessa para casa, carregam consigo todo tipo de energia estranha que encontrou numa floresta ou num campo. [N. de RT.]

o que vê. Com base em sua maior experiência, sugira de que modo o que você enxerga se encaixa no que ele enxerga. Vire a pedra e repita o processo em todos os quatro lados. Por fim, a pessoa faz sua própria síntese dos quatro lados numa resposta geral ao problema dela.

Obviamente, existem semelhanças e diferenças entre essa abordagem xamânica e um teste de Rorschach ou técnicas psicanalíticas de associação livre. Mas a existência dessas diferenças não torna a técnica xamânica operacionalmente inferior.

Do ponto de vista xamânico, a pedra contém animais e criaturas. No mundo xamânico não cabe o conceito de fantasia. Para os xamãs, a natureza inteira tem uma realidade oculta e incomum. Quem segue o caminho do xamã acaba aprendendo isso. O poema a seguir cai como uma luva para ilustrar o que estou falando. Entoado por xamãs da tribo siberiana chukchee, foi traduzido livremente pelo poeta David Cloutier.

Coisas que os xamãs enxergam

Tudo o que existe
está vivo

na íngreme barranca do rio
uma voz fala
o mestre dessa voz
se curvou para mim
falei com ele
responde a todas as minhas perguntas
tudo o que existe
está vivo

Passarinho cinzento
pequenino peito azul
canta no galho oco
chama as danças de seus espíritos

canta suas canções xamânicas
pica-pau na árvore
dá o ritmo
com um tambor
no bico
árvore vibra e tamborila
se a lâmina fere seu flanco
todas essas coisas respondem
a meu chamado

tudo o que existe
está vivo

a lanterna perambula
há línguas nas paredes deste lar
até esta cumbuca tem casa própria e real
peles adormecidas nas sacolas
conversaram a noite toda
galhadas nos túmulos
se erguem e rodeiam os montículos
e até os mortos se levantam
para visitar os vivos.[26]

CAPÍTULO 4
ANIMAIS DE PODER

Há tempos, xamãs acreditam que detêm os poderes de animais e plantas, do Sol e das energias básicas do universo. Imbuídos desses poderes, ajudam a salvar outros humanos da doença e da morte, a insuflar força na vida diária, a comungar com seus semelhantes e a viver uma existência alegre e harmônica com a integridade da Natureza no jardim que é o planeta Terra.

Nas culturas xamânicas – milênios antes de Charles Darwin – as pessoas estavam convencidas do parentesco entre humanos e animais. Por exemplo, em seus mitos, era costume retratar os personagens animais em formas físicas essencialmente humanas. Cada indivíduo desses se distinguia pelas características de personalidade especiais dos vários tipos de animais que existem na natureza. Coiote se destaca nas histórias por seu comportamento travesso. Corvo, por sua indigna dependência da caça de outrem. Assim, conforme os vários mitos da criação, os animais se tornaram fisicamente diferenciados nas formas em que hoje se apresentam. E assim, na visão dos mitos, o diálogo entre humanos e animais se tornou impossível, e os animais já não mais adotam formas humanas.

O paraíso mítico da unidade humano-animal se perdeu na realidade comum, mas, para o xamã e o caçador de visões, permanece acessível na realidade incomum. Entre os aborígenes australianos, essa consciência é incorporada no "tempo de sonho". Esse conceito se refere a um passado mitológico que ainda existe no tempo, paralelo à realidade comum atual, mas é penetrado durante sonhos e visões.[1] Entre os humanos, só o xamã – acessando o EXC – consegue efetuar a unidade humano-animal. O passado mítico logo se torna acessível a xamãs em estado alterado de consciência.

A mitologia dos nativos americanos – desde a América do Norte até a América do Sul – está impregnada de personagens animais em narrativas que contam as aventuras não de coiotes, corvos ou ursos, mas de Coiote, Corvo e Urso. Em outras palavras, as particularidades individuais representam espécies inteiras ou classes maiores de animais. Isso faz uma analogia com a unidade do espírito animal guardião individual em relação ao gênero inteiro ou à espécie a que pertence. Essa unidade significa que a pessoa não só tem o poder de *um* urso ou de *uma* águia, mas o poder *dos* ursos e *das* águias. Em geral, o possuidor de um animal guardião recorre ao poder espiritual de todo o seu gênero ou espécie, mas se conecta realmente a esse poder quando esse poder se manifesta de modo individualizado.

A conexão entre humanos e o mundo animal é algo básico no xamanismo: o xamã utiliza seus conhecimentos e métodos para participar do poder daquele mundo. Por meio de seu espírito guardião ou animal de poder, o xamã se conecta com os poderes do mundo animal – de mamíferos, pássaros, peixes e outros seres. O xamã tem um guardião particular para fazer o seu trabalho, e o seu guardião o ajuda de maneiras especiais.

Às vezes, os nativos norte-americanos chamam o espírito guardião de *animal de poder*. Isso acontece entre os salish litorâneos e os okanagons de Washington.[2] Esse termo é muito apropriado, pois enfatiza a capacidade de empoderamento que o espírito guardião tem, além da frequência com que é percebido como animal. Noutras vezes, porém, os salish litorâneos chamam o espírito guardião de *nativo*, pois também aparece para eles na forma humana.[3] Essa dualidade animal-humano do espírito guardião é uma característica comum da cosmologia indígena norte e sul-americanas, bem como de outras partes do mundo primitivo. Assim, entre os cocopas do vale do rio Colorado, os animais aparecem em sonhos em forma de seres humanos.[4] Entre os Shuar, um espírito guardião costuma aparecer primeiro (numa visão) como animal e depois (num sonho) como humano.[5*]

A capacidade de os animais assumirem forma humana não é surpreendente, levando em conta a crença generalizada de que humanos e animais são biologicamente aparentados (têm "parentesco") e que em tempos antigos dialogavam entre si. Na realidade incomum, os animais seguem com o poder de se manifestar em formas humanas perante os humanos em EXC. Unicamente o xamã, ou pessoa com tendências xamânicas, consegue reativar a capacidade perdida de se comunicar com os (outros) animais. Assim, quando uma pessoa se torna xamã entre as tribos do deserto, que moram na faixa oeste da Austrália meridional, ela adquire o poder de falar com pássaros e outros animais.[6] Ao falar com um coiote, Castaneda evolui para se tornar um xamã.[7] Na realidade, entre a tribo dos Shuar, se um animal fala com você, isso é considerado prova de que esse animal é seu espírito guardião.

Entre os lakotas sioux, os espíritos animais guardiões costumam falar quando aparecem a quem busca a visão. Relata Cervo Manco: "De repente, escutei os gritos de um grande pássaro. Rapidamente me atingiu nas costas com as asas abertas. Escutei o estridente apelo de uma águia, bem mais forte que a vocalização da maioria dos pássaros. Parecia dizer: 'Estávamos aguardando você. Sabíamos que viria. Agora você está aqui. Este é o começo de sua trilha... Você sempre terá um fantasma com você: um outro eu'".[8]

---

* Essa visão ocorre quando o menino e seu pai viajam para a cachoeira sagrada, considerado o local de origem dessa etnia e de encontro com os espíritos. Eles viajam juntos numa caminhada sagrada, tomam banho, realizam jejum para se limparem e bebem apenas água de tabaco. Quando chegam à cachoeira, banham-se de forma ritualística nas quedas por um dia inteiro e chamam os espíritos para vê-los durante a noite. Uma vez no reino do espírito, se o garoto tem a coragem de chegar e tocar o espírito, Arutam vai entrar no seu corpo como um casal de onça ou serpente. Logo depois, a visão se esvanece e o jovem volta para casa. Se ele não fala de suas experiências, Arutam retornará em seus sonhos na forma de um ancestral humano e se comunicará com ele. [N. de RT.]

Os espíritos animais guardiões falam com os humanos e, às vezes, se manifestam em formas humanas. Essa capacidade indica o quanto são poderosos. Também se tornam visíveis ao navegar em um elemento que não é seu ambiente "comum" – outra indicação de seus poderes. Por exemplo, mamíferos ou serpentes terrestres que voam pelo ar, com ou sem o auxílio de asas. Todas essas capacidades revelam que o animal é mesmo incomum, portador de um poder que transcende a natureza de animal comum e existência comum. A sua transformação em figura humana é um ato mágico de poder. Possuído por um xamã, o animal de poder atua como alter ego, conferindo ao xamã o poder de transformação, em especial, o poder de se transformar de humano em animal de poder, e vice-versa.

A crença do xamã na capacidade de se metamorfosear em seu espírito animal guardião ou animal de poder é difundida e claramente antiga. É costume entre os aruntas, povo aborígene da Austrália, adotar a forma de águias ou falcões.[9] Por sua vez, um membro da tribo wiradjeri, também na Austrália, em sua iniciação como xamã, teve a experiência incomum de que penas emergiam dos braços e viravam asas. Literalmente foi ensinado a voar. Depois "cantou com as asas". Voltando à realidade comum, discutiu sua experiência no acampamento.[10] No extremo norte da Escandinávia, xamãs lapões se transformavam em lobos, ursos, renas e peixes. Por sua vez, xamãs siberianos e esquimós costumavam se transformar em lobos.[11] Da mesma forma, entre os yukis da Califórnia, um xamã "médico urso" era chamado assim porque acreditava ter o poder de se transformar em urso. O médico urso do povo yuki "era na verdade um xamã cujo espírito guardião era um urso".[12] Um xamã urso iniciante "se associava a ursos de verdade, comendo o que eles comiam e, às vezes, vivendo com eles" por um verão inteiro.[13]

A antiga crença xamânica no poder de se transformar em um animal sobreviveu na Europa Ocidental até o Renascimento.[14] Claro, a igreja cristã rotulava as pessoas envolvidas na metamorfose animal como magos, bruxas e feiticeiros, e os perseguia por meio da Inquisição. Um colega de Galileu, porém, o alquimista e cientista Giovanni Battista Porta, em 1562 ainda possuía os antigos conhecimentos de como experimentar esse tipo de metamorfose. Essas informações foram publicadas em seu famoso livro, *Natural Magick*, no qual explica como, usando uma poção alucinógena, um homem "acreditava que tinha se transformado em pássaro ou outro bicho".[15] Porta observou: "Às vezes, o homem parecia ter se transformado em peixe; estendendo os braços, nadava no chão; às vezes, parecia saltar para cima e depois mergulhar novamente. Outro acreditava ter se transformado em ganso, comia grama e ciscava o chão com os dentes, como o bico de um ganso: de vez em quando cantava e tentava bater as asas".[16] Da mesma forma, Castaneda, com a ajuda de um coquetel alucinógeno, relata que teve a experiência de se tornar um corvo e que Dom Genaro observou que os xamãs se tornavam águias e corujas.[17]

De modo algum, porém, o uso de uma droga alucinógena é necessário para que a pessoa experimente a metamorfose em pássaro ou outro animal. O método de dançar ao ritmo dos tambores é o mais comum entre os xamãs de grande parte do mundo primitivo para alcançar o estado xamânico de consciência suficiente para ter a experiência. Por exemplo, a iniciação dos xamãs entre os indígenas caraíbas, que habitam o norte da América do Sul, envolve danças noturnas em que os neófitos se movem imitando animais. Isso faz parte do processo de aprender a se transformar em animais.[18]

Mas não só os xamãs e os iniciados xamânicos utilizam a dança para se metamorfosear em animais. Em muitas culturas primitivas, qualquer pessoa com espírito guardião utiliza a dança como meio de evocar seu alter ego. Entre os indígenas salish do litoral noroeste, a temporada de dança invernal dá oportunidade ao indivíduo de se unificar de modo consciente com seu animal de poder.[19] "O espírito dançarino encontra sua expressão dramatizada em passos de dança, ritmo, movimentos, semblantes e gestos: no passo furtivo, depois em saltos voadores do 'guerreiro' em brados ferozes, ou no trote oscilante da roliça e tristemente chorosa 'mamãe ursa'; na contorção reptiliana e elástica da 'serpente de duas cabeças'... no 'lagarto' que derrama lágrimas pela prole devorada ou na poderosa 'baleia' que captura criaturas menores."[20] Muitas vezes, os xamãs do litoral noroeste faziam essas danças com máscaras e apetrechos especiais para aumentar a unificação com seus animais de poder. Por exemplo, entre o povo tsimshian, o xamã dança não só com a máscara de águia, mas também com garras de cobre.[21] O desejo de se unificar com os animais de poder é bem ilustrado pela adaptação que Cloutier fez de uma ode ao ursos-pardos, da tribo tlingit do litoral noroeste:

> *Ei! Urso!*
> *Ei*
> *Ei*
>
> *Então você fala*
> *Ei, ei, ei!*
> *E vem*
>
> *Você é um bom rapaz*
> *Amigo urso-pardo*
> *Deixe a pelagem para trás*
>
> *E venha*
> *Repito: ei, ei, ei!*
> *Eu lanço banha no fogo*
>
> *Pra você,*
> *Urso-pardo,*
> *Somos um só!*[22]

No mundo primitivo, boa parte das danças animalescas tem como objetivo unificar os dançarinos com os animais de poder. Não importa se outros aspectos do ritual sejam ou não puramente xamânicos. Nos zunis pueblanos do sudoeste dos Estados Unidos, as sociedades de medicina xamânica praticam a Dança dos Deuses Bestiais, que apresenta "uma forte semelhança com sessões espíritas entre outros povos nas quais o xamã é inspirado. Os Deuses Bestiais são invocados por danças, chocalhos e tambores, e os dançarinos em frenesi imitam as ações e os gritos dos animais".[23]

ANIMAIS DE PODER

Aqueles dançarinos que assumem a personalidade do urso inclusive utilizam patas de urso reais nas mãos.[24] Porém, essa Dança dos Deuses Bestiais é mais do que mera imitação: o dançarino zuni – como os indígenas das Grandes Planícies norte-americanas que fazem a Dança da Águia ou do Bisão – se esforça para ir além da imitação e se fundir com o animal, tornando-se um ser unificado. Assim, o conjunto de canções da tribo osage, "A ascensão dos homens-bisões", enfatiza a criação de uma consciência pessoal sobre a unidade com o animal:

Subo, subo,
Meus passos fazem a terra estremecer.

Subo, subo,
Minhas coxas têm força.

Subo, subo,
Em fúria chicoteio as costas com a cauda.

Subo, subo,
Minhas paletas curvas têm poder.

Subo, subo,
Em raiva sacudo minha juba.

Subo, subo,
Meus chifres são afiados e curvos.[25]

Da mesma forma, um dançarino zuni, ao usar a máscara de um *kachina**, vai além de personificar esse tipo de deus. Danças, tambores, chocalhos e o zumbido ancestral dos rombos o transportam

---

* *Kachinas* são espíritos ancestrais da natureza, considerados deuses, pertencentes à Grande Nação das Estrelas. Para as tribos Pueblo (Hopi, Keres, Tewa, Tiwa, Towa e Zuni), são conhecidos como Senhores do Tempo por controlarem o clima e as estações. [N. de RT.]

a um estado alterado de consciência em que ele "se torna temporariamente a encarnação real do espírito que se acredita residir na máscara".[26] Como disse um salish litorâneo: "Quando danço, não estou encenando; apenas sigo seu poder, apenas sigo o caminho do seu poder".[27]

Ao dançarem seus espíritos animais guardiões, os xamãs não só fazem os movimentos dos animais de poder, mas também os sons. Os xamãs, ao experimentarem suas transformações, fazem – na Sibéria, nos territórios nativos das Américas do Norte e do Sul e em outros lugares – cantos de pássaros e os gritos, rosnados e outros sons de seus poderes animais.[28] Cervo Manco fala sobre o poder do urso:

– Fazemos sons de urso: roarr...[29]

Da mesma forma, Castaneda rosna e faz o gesto de uma garra em resposta ao conselho de Dom Juan de que mostrar garras é uma "boa prática".[30]

Cervo Manco não está falando sobre a posse incontrolável do culto vodu caribenho, mas sim sobre a reafirmação pelo xamã de sua unidade com seu companheiro animal. Isso, como observa Eliade, é "menos uma possessão e mais uma transformação mágica do xamã naquele animal".[31]

Entre os indígenas do México e da Guatemala, o espírito guardião chama-se "nagual", derivado do termo asteca *nahualli*. "Nagual" designa tanto um espírito animal guardião quanto o xamã que se transforma nesse animal de poder (palavras compostas derivadas de *nahualli* têm o significado de estar "disfarçado, mascarado").[32] "Nagual" também é comumente aplicado no México a um xamã *capaz* de fazer essa transformação, mesmo que não a esteja fazendo naquele momento. Assim, Castaneda chama Dom Juan de *nagual* e comenta as ramificações mais amplas do conceito.[33]

Além disso, Castaneda contrasta o nagual com o "tonal", em uma discussão longa, embora um tanto confusa.[34] A confusão se dissipa um pouco se entendermos que "tonal" deriva do termo *tonalli*, do idioma náuatle (asteca). Essa palavra se referia à alma vital de alguém e ao sinal do dia de nascimento desse alguém – com frequência, um animal. O *tonalli* fazia parte de um elaborado sistema de calendários com implicações de predestinação – um sistema análogo aos signos da astrologia ocidental. Assim, o conceito tonal traz as implicações de sina, predestinação e o destino da vida de alguém, do nascimento até a morte. Em geral, a argumentação de Castaneda vai nessa mesma linha.[35] Assim, acredita-se que as experiências de vida de alguém na realidade comum são determinadas pelo animal tonal. Esse animal, porém, não é o mesmo que o nagual do xamã, que, como os espíritos animais guardiões em outros lugares, tem conexão com o EXC e – como sugere Castaneda – com a realidade incomum.

Às vezes, os animais "tonal" e "nagual" se confundem na literatura antropológica do México e da Guatemala. Isso ocorre tanto por estudos acadêmicos falhos quanto pela fusão desses dois animais nas cosmologias de grupos nativos mexicanos e guatemaltecos nos tempos coloniais.[36]

Em algumas tribos, quase todos os adultos tinham um espírito guardião, como nos nitlakapamuks da Colúmbia Britânica ou nos twanas do oeste de Washington. Porém, o mais comum era que nem todos os adultos tivessem espíritos guardiões.[37] Assim, entre os indígenas das Grandes Planícies norte-americanas, indivíduos que não conseguiam obtê-los estariam, por esse motivo, condenados à falta de poder e sucesso na vida. Entre os Shuar, a maioria dos homens adultos acreditava possuí-los, tendo certeza de que tinham obtido êxito na busca pela visão na cachoeira sagrada. Para as mulheres não era tão essencial obtê-los do ponto de vista formal, porque as rixas intratribais – causa mais comum de mortes violentas – irrompiam basicamente entre homens adultos, não entre mulheres e crianças.[38]

O método mais famoso de adquirir um espírito guardião é a busca pela visão ou vigília realizada num local deserto e solitário, como entre as tribos das Grande Planícies da América do Norte.[39] A peregrinação dos Shuar a uma cachoeira sagrada é um exemplo sul-americano dessa busca pela visão. Mesmo entre os Shuar, porém, adquirir o poder benéfico de um espírito guardião não requer uma busca pela visão. De fato, os pais de uma criança recém-nascida normalmente davam a ela um leve alucinógeno para que ela "enxergasse" e assim adquirisse um *arutam wakani*, ou espírito guardião. Claro, os pais queriam que o neném obtivesse o máximo de proteção possível para sobreviver até a vida adulta. Um alucinógeno um pouco mais forte, o *uchich maikua*, ou "datura infantil", era administrado com o mesmo propósito a crianças um pouco mais velhas, mas que ainda não estavam prontas para empreender a busca pela visão na cachoeira sagrada.

Os Shuar supunham que uma criança provavelmente sequer chegaria aos seis, sete ou oito anos sem a proteção de um espírito guardião. No entanto, os pais nunca tinham certeza se o neném ou a criança pequena havia adquirido mesmo a visão e o poder. Por isso, era essencial que um menino enfim empreendesse a busca formal pela visão. Só assim tinham certeza de que o filho estava protegido por um espírito guardião. A vida era percebida como menos perigosa para as mulheres do que para os homens nessa sociedade dominada por rixas. Por isso, a busca pela visão das meninas era mais simples e limitada à floresta perto de casa.

Na América do Norte, o povo okanagon, do sul do estado de Washington, tinha uma visão semelhante à dos Shuar. Entre os okanagons, os espíritos guardiães eram comumente adquiridos de modo involuntário pelos pequeninos, sem a necessidade de uma busca pela visão.[40] As criancinhas tinham visões semelhantes às relatadas em uma busca formal por adolescentes e jovens adultos. "Primeiro, o espírito apareceu como humano, mas, quando partiu, a criança viu que tipo de animal era. Isso acontece sem premeditação da criança ou dos pais, a qualquer hora do dia ou da noite."[41] Walter Cline relata:

> Só uma criança muito precoce tinha conhecimento da existência de seu espírito guardião aos quatro ou cinco anos. [...] A menos que fosse "muito esperta" [mesmo adolescente ou jovem adulto], ela se esquecia logo da visão e das palavras que o espírito lhe dissera. Na maioria dos casos, perdia o contato com o espírito por vários anos. [...] No caso de emergências graves nesse período, porém, ele estava pronto para ajudá-la.[42]

Em outras palavras, o poder e a proteção do espírito guardião a acompanham desde o passado, sem que a pessoa tenha consciência disso. Assim, em 1957, um xamã shuar percebeu que eu tinha um espírito guardião, embora nem eu mesmo soubesse disso.

Para um xamã, fica logo evidente que muitos ocidentais têm espíritos guardiões. Isso se evidencia por sua energia, boa saúde e outras manifestações externas de seus poderes. É trágico, do ponto de vista desse xamã, que até mesmo essas pessoas poderosas não conheçam a fonte de seu poder e, portanto, não saibam como utilizá-lo plenamente. Sob o mesmo prisma, outra faceta dessa mesma tragédia é a de adultos ocidentais letárgicos, doentes e tristes, que, obviamente, perderam os espíritos guardiões que os protegeram na infância. E o pior: nem desconfiam de que existe um método para recuperá-los.

CHAMAR OS ANIMAIS

Neste exercício você tem a chance de entrar em contato com um ou mais de seus espíritos guardiões desconhecidos do passado ou do presente. Quem sobreviveu aos perigos e doenças da infância, como você, provavelmente já teve pelo menos um no passado. Mesmo que tenha deixado você há muito tempo, o exercício há de evocar suas memórias ocultas. Consiste numa antiga e singela técnica xamânica: "Chamar os animais". Cada cultura dá um nome diferente à técnica. O povo de uma comunidade, por meio da dança, evoca ou entra em contato com seus aspectos animais.

Não se esqueça: um espírito guardião singular até aparece na forma humana, mas o mais provável é você enxergar ou sentir o aspecto *animal* de seu espírito guardião.

Realize este exercício num ambiente silencioso, na penumbra e livre de mobília para não interferir em seus movimentos. É bom ter em mãos dois bons chocalhos (consulte no Apêndice A informações sobre tambores e chocalhos). Mas não hesite em fazer o exercício se não tiver chocalhos disponíveis. O exercício compreende duas fases:

(1) dança de iniciação e (2) como dançar seu animal. Nessas duas danças, balance um chocalho em cada mão, constante e ruidosamente. A dança acompanha o ritmo dos chocalhos. Mantenha em todas as danças os olhos semicerrados. Isso lhe permite reduzir a luz e, ao mesmo tempo, permite saber onde você está na sala.

Dança de iniciação

1. Fique em pé, na postura ereta. Mire o nascente (Leste) e agite o chocalho, rápida e intensamente, quatro vezes. É o sinal de que você vai começar, terminar ou fazer uma transição importante ao trabalho xamânico sério. Pense na aurora enfim trazendo poder a todas as coisas vivas. (Tempo total: 20 segundos.)
2. Sem sair do lugar, ainda virado ao Leste, comece a vibrar o chocalho. O ritmo deve ser constante, em torno de 150 vezes por minuto. Faça isso durante meio minuto de frente a cada um dos pontos cardeais (tanto faz girar no sentido horário ou anti-horário, escolha o que for melhor). Nesse meio-tempo, pense em seus parentes vegetais e animais em todos os quatro pontos cardeais que estão prontos para ajudá-lo. Agora olhe a Leste de novo. Por trinta segundos, sacuda o chocalho acima da cabeça, no mesmo ritmo. Pense no Sol, na Lua, nas estrelas e em todo o cosmos acima. Repita mexendo o chocalho apontado para o chão. Pense em nosso lar, o planeta Terra. (Tempo total: 3 minutos.)
3. Ainda de frente para o Leste, um chocalho em cada mão, comece a sacudi-los no mesmo andamento da etapa 2, dançando simultaneamente como se estivesse correndo, sem sair do lugar, no mesmo ritmo dos chocalhos. Nessa dança de iniciação, você prova aos animais de poder (onde quer que estejam) que está sendo sincero(a) e que, por meio da dança, sacrifica a própria energia a eles. Essa dança é uma forma de rezar e de evocar a compaixão dos espíritos ani-

mais guardiões. No xamanismo, você literalmente dança para elevar seus espíritos. (Tempo total: 5 minutos.)
4. Interrompa a dança e repita a Etapa 1. Esse é o sinal de que você está prestes a fazer uma transição significativa para dançar seu animal.

Como dançar seu animal

5. Ao vagaroso ressoar dos chocalhos (60 sacudidas por minuto), mexa os pés no mesmo andamento. Mexa-se no ambiente com lentidão e liberdade. Tente captar o sentimento de ter algum tipo de mamífero, pássaro, peixe, réptil ou uma mistura deles. Tão logo tenha captado a sensação de algum desses animais, concentre-se nele e, devagarinho, mova o seu corpo com o gestual desse bicho. Agora, você está tangenciando o EXC. Fique aberto para experimentar as emoções desse animal. Se sentir o desejo, não hesite em gritar ou emitir os sons do bicho. Mantenha as pálpebras semicerradas, acompanhe o ambiente incomum em que o animal está se movendo. Talvez visualize o próprio animal! No EXC, ser e ver o animal acontecem simultaneamente. Isso é comum. (Tempo médio: 5 minutos.)
6. Sem pausa, acelere o ritmo do chocalho e dos movimentos para em torno de 100 sacudidas por minuto. Prossiga conforme a Etapa 5. (Tempo médio: 4 minutos.)
7. Em vez de parar, acelere o ritmo do chocalho para umas 180 vezes por minuto. Continue a dançar como antes, mas em ritmo cada vez mais rápido. (Tempo: 4 minutos.)
8. Pare a dança. Mentalmente dê as boas-vindas ao animal para que ele permaneça em seu corpo. Faça isso agitando os chocalhos bem rápido quatro vezes, recolhendo-os em direção ao peito. (Tempo: 10 segundos.)
9. Repita a Etapa 1. Sinal de que o trabalho está concluído. Para uma transição mais poderosa ao EXC, faça o exercício

acima com um tambor além dos chocalhos. Para isso, alguém precisa atuar como assistente para tocar o tambor exatamente no ritmo em que você agita os chocalhos (o Apêndice A traz informações sobre tambores). Seu assistente fica num canto da sala e se limita a tocar o tambor, sem participar da dança. Assim que o tocador de tambor se familiariza com as etapas do exercício, é possível fazer a dança do animal sem os chocalhos. Você desprende ainda mais sua consciência da realidade comum.

Ao "dançar seus animais", pessoas do Ocidente descobrem uma entre estas várias criaturas: Garça, Tigre, Raposa, Águia, Urso, Cervo, Boto e até Dragão. (No EXC não há animais "míticos". Um dragão é tão verdadeiro quanto qualquer outro.) Uma coisa fica clara para os dançarinos: sob a nossa consciência cultural humana comum, existe uma conexão emocional, quase universal, com alter egos de animais selvagens.

Tenha em mente: não importa quão bem-sucedido você foi em dançar seu animal; por si só, isso não prova que você tenha o poder dele ainda. Talvez você só esteja dançando uma lembrança. Uma experiência bem-sucedida sugere, porém, que você ao menos teve esse espírito guardião no passado, se é que não o tem agora. Seja lá como for, por si só, a dança não é uma prova disso.

Diga-se de passagem, não importa quanto um espírito animal guardião parece feroz: o seu possuidor nunca está em perigo! O animal de poder é absolutamente inofensivo. É uma fonte de poder sem intenções agressivas. Só vem quando você está precisando de ajuda.

Quem deseja manter a prática xamânica precisa se transformar em seu animal com frequência. Se estiver contente, o animal permanece. Isso envolve exercitar o animal por meio da dança, entoar canções do animal e reconhecer "grandes" sonhos como mensagens do guardião, o animal de poder. Dançar seu animal é um método importante para mantê-lo contente. Assim, ele reluta em deixar você.

ANIMAIS DE PODER

O espírito guardião animal residente na mente-corpo de uma pessoa quer ter o prazer de existir de novo em forma material. É uma troca, pois a pessoa adquire o poder de todo o gênero ou de toda a espécie de animais representados por esse espírito guardião. Humanos talvez queiram experimentar a realidade incomum tornando-se um xamã. Da mesma forma, espíritos guardiões talvez queiram experimentar a realidade comum entrando no corpo de um humano vivo.

Anos atrás, aprendi com os Shuar: até mesmo com os maiores cuidados, os espíritos guardiões costumam ficar contigo só por alguns anos e depois vão embora. Assim, no decurso de uma vida longa e poderosa, você terá vários deles, um após o outro, quer saiba ou não.

Dançar não é a única maneira para você exercitar fisicamente seu animal de poder e mantê-lo disposto a permanecer com você. Outra forma é exercitá-lo em descampados agrestes ou em áreas remotas de parques públicos. Nunca me esqueço de um jovem ocidental treinado em xamanismo que trabalhava durante a semana numa livraria e aos domingos ia a um parque natural da região a fim de levar o puma que havia nele para passear nas colinas. Ninguém nunca o impediu, e ele achava isso mais satisfatório do que ir à igreja.

Claro, existe um óbvio problema potencial quando você se transforma em seu animal em locais públicos: muito provavelmente as pessoas não conseguirão entender, ao menos nessa cultura que estamos inseridos. Certa vez, Castaneda me contou que Dom Juan teve um problema semelhante com o público indígena mexicano. Dom Juan explicou que havia desistido de usar a loção alucinógena da trombeta-de-anjo porque os indígenas começaram a dar tiros nele enquanto ele pulava de árvore em árvore. Nem sempre a sina de um xamã é feliz.

Lembre-se: espíritos guardiões *sempre* são benéficos e jamais prejudicam quem os possui. Além disso, é você quem possui o espírito guardião; ele nunca possui você. Em outras palavras, o animal de poder é um espírito puramente benéfico, por mais feroz que possa parecer. Um espírito que precisa de *exercício*, não de exorcismo.

CAPÍTULO 5
JORNADA PARA RESTAURAR O PODER

Desde os primórdios, os xamãs sentem que o poder do espírito guardião ou protetor torna as pessoas resistentes às doenças. Por um motivo simples: ele fornece um corpo *poderoso* que resiste à intrusão de forças externas. Sob o prisma xamânico, em um corpo preenchido de poder, simplesmente não há espaço para a entrada fácil de energias intrusivas e danosas, conhecidas como doenças na realidade comum.

Um animal de poder ou espírito guardião, como aprendi entre os Shuar, não só aumenta a energia física e a capacidade de resistir a doenças contagiosas, mas também aumenta o estado de alerta mental e a autoconfiança. Até mentir se torna mais difícil para quem está empoderado.

Estar pleno de poder cria um campo de força dentro e ao redor de você que resiste às intrusões de poder, o equivalente xamânico às infecções. Do ponto de vista xamânico, doenças são intrusões de poder. Não pertencem ao corpo, são trazidas para dentro. Se você estiver poderoso, resistirá a elas. Assim, possuir o poder do espírito guardião é fundamental para a saúde. Em geral, doenças graves só acontecem quando a pessoa está sem espírito ou desanimada, perdeu sua força energizadora, o espírito guardião. Quando a pessoa está deprimida, fraca, propensa a doenças, esse é um sintoma de que ela perdeu seu animal de poder e, portanto, não resiste ou afasta as "infecções" ou intrusões de poder indesejadas.

Talvez você tenha obtido sucesso na experiência de dançar seu animal. Mas, como foi comentado, isso não garante que você ainda mantenha o poder dele, pois esse poder talvez tenha se esvaído há muito tempo. Existem técnicas para ter certeza de que você tem um animal de poder. A jornada xamânica ao Mundo Inferior para recuperar um animal de poder perdido é uma delas.

Em geral, os xamãs empreendem essa jornada para outra pessoa sozinhos. Entretanto, uma versão mais elaborada do método de restaurar o poder do espírito guardião surgiu entre os salish litorâneos, no oeste do estado de Washington. Lá os xamãs têm o costume de fazer a jornada em grupo. Formando uma "canoa espiritual" ou "barco espiritual", empreendem uma jornada cujo objetivo é resgatar do Mundo Inferior o espírito guardião de seus pacientes.[1] "Não é a alma de uma pessoa no sentido geral da palavra, mas sim seu espírito guardião" que é restaurado e devolvido ao paciente.[2] Entre os salish litorâneos, o espírito guardião chama-se animal de poder, como já foi observado.[3]

Esses métodos de elaborar em grupo uma canoa espiritual são uma particularidade dos salish litorâneos.[4] Quando uma pessoa começa a ter sintomas de perder o espírito ou o ânimo, que entre os salish incluem a perda gradual de bens ou riquezas, então ela contrata seis a doze xamãs para, juntos, realizarem a tarefa de recuperar seu espírito guardião, empreendendo a jornada ao Mundo Inferior.[5]

Em uma noite combinada, os xamãs formam duas canoas imaginárias se posicionando em duas fileiras paralelas no interior de um ambiente espaçoso. Cada xamã crava sua tábua de cedro mágico no chão. Cada tábua de cedro é decorada com representações das experiências de seu dono quando ele teve sua primeira visão de uma canoa espiritual. Além disso, cada xamã segura uma vara de 1,8 a 2,4 metros de comprimento, com a qual rema ou impulsiona a canoa espiritual. Na proa vai o xamã líder; na popa, o timoneiro.

Ao ritmo dos chocalhos, do rufar dos tambores e dos cantos, "afundam na terra almas ou mentes" dos xamãs, ou seja, embarcam nessa nau espiritual com "o poder de 'transformar terra em água' por onde quer que passem" no Mundo Inferior.[6] A bordo dessa canoa espiritual, cada xamã, começando pelo líder, entoa sua própria canção espiritual guardiã. Uma grande plateia de espectadores senta-se junto às paredes da casa e canta em uníssono para ajudar os xamãs.[7]

Às vezes, as jornadas da canoa espiritual entre os salish litorâneos duram cinco ou seis noites, com os xamãs dormindo durante o dia e retomando à noite no ponto em que a jornada parou ao amanhecer. Com mais frequência, a viagem dura só duas noites. Na primeira noite, a viagem à terra dos espíritos; na segunda, o retorno. Tão logo os xamãs resgatam o espírito guardião de seu paciente, iniciam a jornada de volta. E ao soprarem o espírito guardião de volta ao paciente, ele se levanta e dança.[8]

A canoa espiritual dos salish litorâneos é uma versão cooperativa, em grande escala, de um método xamânico bem mais comum e simples de restaurar o poder de um paciente. Nesse método participam apenas dois ou três: o xamã, a pessoa ou paciente que necessita restaurar seu poder e, às vezes, um assistente para bater o tambor xamânico. Às vezes, os mestres xamãs dispensam a ajuda do tambor, mas esse acompanhamento sonoro quase sempre é necessário.

Tive contato com esse método pela primeira vez em 1961, enquanto morava com o povo shipibo-conibo, cujos xamãs costumam usar essa técnica para tratar as doenças. Como os xamãs salish litorâneos, os shipibo-conibo viajam ao Mundo Inferior num barco espiritual. Em geral, porém, a bordo de um vapor fantástico em vez de uma piroga fantástica! Além disso, a tripulação dos shipibo-conibo é formada não por xamãs, mas por um único xamã, assessorado por uma grande equipe de espíritos.

O uso desse tipo de barco espiritual ou místico na jornada xamânica é muito difundido no mundo primitivo. Ocorre na Sibéria, na Malásia e na Indonésia, onde está relacionado ao "barco dos mortos".[9] O formato da canoa espiritual é, muitas vezes, o de uma serpente, como na Austrália aborígene e também na floresta tropical sul-americana, onde os desanos, indígenas do noroeste amazônico, têm sua "cobra-canoa".[10] Pouco ou nada sabemos sobre a forma específica da canoa espiritual usada pelos xamãs de outros grupos. Esse é o caso dos tapirapés, tribo do Centro-Oeste brasileiro.[11] Em alguns locais da Sibéria, não é uma canoa que o xamã usa, e sim uma jangada espiritual.[12]

Seguidamente, os xamãs que realizam a jornada xamânica não utilizam canoas ou barcos no EXC, mas empregam o mesmo método básico. Em outras palavras, não se preocupam em criar uma "canoa" ou qualquer outro meio de transporte: simplesmente "afundam" no Mundo Inferior para recuperar um espírito. Particularmente, só concebo uma canoa quando trabalho em grupo, ao estilo dos salish litorâneos. Nesse caso, aplico o método do bote que aprendi com os shipibo-conibo. Todos os xamãs devem, com o passar dos anos, estar preparados para modificar e adaptar seus métodos de acordo com o que funciona melhor para eles.

Aqui, pretendo apresentar um método relativamente simples e básico da jornada de recuperação. Essa mesma técnica básica é usada não só para recuperar um espírito guardião de outra pessoa, mas para, com alguns ajustes, curar pacientes, recuperando partes perdidas de suas almas vitais. Mas esse trabalho de nível avançado não será abordado aqui.

Um dos elementos importantes nesse método é deitar-se ao lado do paciente, no piso ou no chão. O ato de o xamã cair ou se deitar ao lado do paciente é um aspecto muito difundido nesse tratamento pelo método da jornada. Uma razão muito boa para essa prática é que é dificílimo ficar em pé no EXC profundo. Mas, até mesmo no EXC leve, o xamã prefere se deitar para ver e experimentar a jornada com clareza. Totalmente relaxado, não precisa se preocupar com se manter funcionando na realidade comum, coisa que teria de fazer se ficasse em pé ou sentado. Na tribo australiana dos yaraldes, a necessidade de se deitar para *ver* foi descrita de modo eloquente:

> Se você se levanta, não enxerga essas cenas; mas, quando se deita, consegue enxergá-las. No entanto, cuidado para não se assustar: ficar assustado quebra a teia (os fios) em que as cenas estão penduradas.[13]

Ao recuperar o espírito guardião, a pessoa no papel de xamã que traz de volta o animal de poder deve primeiro soprá-lo de volta ao peito do paciente. Com os Shuar aprendi que o guardião de uma pessoa repousa principalmente no peito, por mais que o seu poder emane do corpo inteiro. Xamãs shuar sob efeito da *ayahuasca* veem um arco-íris invertido no peito de quem tem um guardião. A ideia de que o guardião reside no peito parece estar difundida. Também ocorre, por exemplo, na Austrália aborígene, bem como na faixa oeste da América do Norte.[14]

A fontanela (moleira) na parte posterolateral do crânio, onde os ossos temporal e occipital se encontram, é um importante ponto de entrada e saída para o poder. Por essa razão, o xamã, após soprar o espírito guardião no peito, repete a operação na fontanela do paciente. Assim, o poder que ele trouxe de volta é todo aproveitado.

COMO CAÇAR UMA CANÇÃO DE PODER

Antes de empreender a jornada xamânica para recuperar o animal de poder, você precisa adquirir uma canção de poder. Cada xamã tem no mínimo uma canção de poder que aplica para "despertar" seu guardião e os demais ajudantes que vão servir de auxílio na cura e em outros trabalhos. Para obter uma canção de poder, tire um dia para ficar sozinho em um lugar natural e agreste. Um ponto sem circulação de pessoas, em um ambiente natural pouco alterado pelos humanos. Rasmussen, o grande estudioso da vida esquimó, pontua:

> Palavras que brotam quando estamos sozinhos nas montanhas são mágicas. Têm efeito mais poderoso. É vasto e incompreensível o poder da solitude.[15]

Áreas remotas da floresta nativa ou de uma montanha são ideais. Se você não tiver como chegar a esses lugares, faça o melhor que puder. Não tome café da manhã e permaneça em jejum durante o dia. Caminhe tranquilamente e descanse de vez em quando.

Não planeje um itinerário; deixe que seus pés o levem. À medida que vagueia, descubra com qual animal você se identifica. Não precisa ser aquele que você dançou. Adote as sensações desse bicho e desfrute de sua identidade ao longo do dia. Na primeira busca por uma canção, talvez você só encontre a música.

Mais tarde, há de encontrar a letra também. Quando eu estudava com os Shuar, adquiri uma canção, cuja letra transcrevo a seguir:

Eu tenho espíritos.
Espíritos eu tenho.
Eu tenho espíritos.
Espíritos eu tenho.
Eu tenho espíritos.
Espíritos eu tenho.
Eu, eu, eu.

(repita três vezes e siga para a próxima estrofe)

Meus espíritos
São como pássaros,
Asas e corpos
São sonhos.
Eu tenho espíritos.
Espíritos eu tenho.
Eu, eu, eu.

(repita três vezes e volte à primeira estrofe)

Repita a canção enquanto achar necessário. A canção de poder, com sua letra e sua melodia, também ajuda a pessoa a entrar no EXC. Quanto mais você usa a canção no trabalho xamânico, mais ela ajuda a alterar o seu estado de consciência. Por fim, serve como um pequeno "gatilho" para ajudá-lo a acionar o EXC.

Existe também a canção de poder especial, que você busca durante a jornada. Você a descobre ao fazer a jornada, pois envolve uma descrição do que está enxergando. Cloutier inspirou-se no canto de um xamã tsimshian do litoral noroeste e compôs a seguinte adaptação:

> *Em minha canoa*
> *em toda parte*
> *em minha visão*
>
> *sobre a copa das árvores*
> *ou na água*
> *estou flutuando*
>
> *mundo afora*
> *flutuo*
> *em redemoinhos*
>
> *mundo afora*
> *flutuo*
> *entre sombras*
>
> *em minha canoa*
> *em toda parte*
> *em minha visão*
>
> *sobre a copa das árvores*
> *ou na água*
> *estou flutuando*
>
> *quem é o dono*
> *desta canoa*
> *em que estou?*
>
> *da canoa*
> *em que estou*
> *com um estranho?*

*em minha canoa
em toda parte
em minha visão*

*sobre a copa das árvores
ou na água
estou flutuando.*[16]

Em meio ao sonho você também adquire uma canção involuntariamente. A falecida Essie Parrish, xamã indígena pomo na Califórnia, sonhou com sua primeira canção de poder e relatou:

Vou contar outra história sobre quando eu era jovem – sobre como entoei uma canção pela primeira vez quando era criança. Na época eu tinha onze anos. Não adquiri essa canção da maneira comum: eu sonhei com ela.

Uma vez, enquanto eu dormia, tive um sonho... E ouvi um canto no céu. Como eu era pequena, não percebi o que era, não prestei atenção (consciente) àquilo... Só escutei (passivamente) aquele homem cantando lá em cima. Mesmo assim, ele me fez aprendê-la. Foi como se a melodia entrasse fundo em meu peito, como se a letra brotasse de meus lábios. Tive a impressão de avistar o homem, como se eu distinguisse o seu vulto apenas.

Despertei de meu sono, mas aquela canção ficou pulsando dentro de mim o dia todo. Mesmo sem querer, a canção parecia vibrar em minha laringe. Daí eu mesma tentei cantá-la e, para minha surpresa, cantei lindamente. Desde então sei essa canção de cor e salteado.

Certa vez, minha irmã mais velha e eu fomos a Danaká com a nossa avó. Minha irmã ainda era pequena, mas maior do que eu.

Descemos com a vovó rumo a Danaká e nos mudamos para lá.

Um dia bem cedinho fomos à praia de Madrone colher algas marinhas. Fomos junto com a vovó. Sentadas num penedo, ficamos brincando de boneca, conversando e rindo. Mas aquela canção ainda ressoava dentro de mim. Ela ficou vibrando em minha laringe e comecei a cantar. Só que a minha irmã me ouviu cantando e me interpelou:

– O que você está cantando?
– Uma canção – respondi.
– Que linda! Onde é que você a escutou?
– Sonhei com ela – expliquei, meio envergonhada.
– Canta de novo, vai.

Então recomecei a cantarolar, e ela disse:

– Ah, como é linda. Ensina pra mim?
– Não é para isso. Não é para você aprender.

Mas, como minha irmã era maior do que eu, cantei de novo. Eu não queria, mas ela me obrigou. Tive que entoar a canção...

– Mas não conta isso para ninguém – roguei.
– Por quê?
– Vão querer que eu cante.
– Está bem – prometeu ela.

À noite, voltamos para casa, e minha irmã [apesar do prometido] contou para meu tio-avô, o irmão mais velho de minha vó, um sujeito meio apalermado. Ele falou:

– Me disseram que você sabe uma canção.
– É mesmo? Quem falou isso?
– Sua irmã mais velha disse que você sabe uma bela canção. Cante, por favor.

Tive que cantar para ele. O meu tio achou a canção excelente. Essa é a história de minha primeira canção quando eu era pequena. Vou parar por aqui.[17]

COMO EMPREENDER A JORNADA PARA RECUPERAR
UM ANIMAL DE PODER

Você já aprendeu como empreender a jornada introdutória ao Mundo Inferior. Essa nova jornada é mera continuação do que você já fez, mas consiste em trabalho xamânico sério. Primeiro, é imprescindível ter completado os exercícios anteriores com sucesso. Cuidadosamente, várias vezes, estude as instruções para se lembrar das etapas.

O seu parceiro também deve ter estudado o livro. Além disso, vocês precisarão de um tambor (ou mídia com gravação de percussão xamânica) e um chocalho. Se você manejar o tambor, também precisará de uma terceira pessoa na percussão.*

Para restaurar um animal de poder, não é necessário que a pessoa esteja desprovida de um. O importante é que o animal de poder "sinta pena" do paciente e durante a jornada atenda ao pedido de ajuda do xamã. Com frequência, a intervenção de um ser humano (o xamã) em favor de outro parece evocar compaixão no universo oculto. Assim, é normal que um antigo animal de poder que o paciente perdeu se voluntarie para voltar com o xamã viajante. Cada animal extra que retorna aumenta o poder espiritual do receptor, mas ele deve ter o cuidado de honrar os retornados e não ser "ganancioso", caso contrário o abandonam outra vez.

Essa é uma jornada para trazer de volta o guardião que seu "paciente" perdeu. Ao longo da vida, de modo inconsciente ou consciente, contamos com a ajuda de uma série de diferentes animais de poder. Por isso, não há como adivinhar se o animal é o que seu "paciente" dançou ou outro que lhe retornou. Esse vaivém de animais de poder numa pessoa é normal, especialmente após alguns anos. Assim, o treinamento contínuo desse exercício é importante para que a pessoa tenha certeza de possuir o poder. E, se a pessoa solicita ajuda e revela sinais de que está perdendo o poder, devido à depressão ou doença, os trabalhos devem ser realizados imediatamente.

Siga estas etapas:

1. Planeje com seu parceiro e uma terceira pessoa um encontro ao anoitecer. Abstenham-se de bebidas alcoólicas e drogas que alterem a mente ao longo do dia. Faça uma refeição leve no almoço e não coma nada depois.

---

* No Apêndice A você encontra informações sobre tambores e CDs de ritmos xamânicos.

2. Utilize um espaço livre de luz e ruídos externos. Afaste os móveis. Acenda uma vela no chão num canto, para não iluminar muito o ambiente.
3. A pessoa que vai atuar como xamã (nesse caso, você mesmo) deve passar por todas as etapas da *Dança de iniciação* e de *Como dançar seu animal*, descritas no Capítulo 4. Peça para o ajudante que toca o tambor acompanhar o ritmo do seu chocalho, mas só enquanto você estiver dançando (ver Figura 6).
4. Para atrair a atenção dos espíritos, agite o chocalho quatro vezes nas seis direções (leste, norte, oeste, sul, para cima e para baixo), onde quer que eles estejam. Também assobie quatro vezes para chamar os espíritos. Devagarinho, caminhe ao redor do paciente até completar quatro círculos. Faça isso sacudindo o chocalho em ritmo lento, mas forte e constante. Ao terminar a quarta volta fique junto dele ou dela.

FIGURA 6. O bater do tambor rumo à jornada xamânica. (Desenho de Barbara Olsen.)

5. Agora assobie sua canção de poder, a melodia que você usa para invocar a ajuda de seus espíritos, sempre ao ritmo do chocalho. Continue assobiando por uns minutos, até perceber uma ligeira alteração em sua consciência.
6. É hora de entoar a letra, acompanhada pelo chocalhar forte e compassado.
7. Repita a canção até notar que sua consciência está se alterando. Com prática e experiência, fica cada vez mais fácil reconhecer quando esse transe de luz está sendo alcançado. Entre os sinais mais óbvios estão: aumento do ritmo do canto e do chocalho, braços trêmulos e até mesmo tremores incontroláveis. Na hora certa, você é dominado por um desejo quase irresistível de cair ou se deitar no chão ao lado do paciente. Adie isso o máximo possível e, quando não resistir mais, deite-se no chão.
8. Estendido no chão, empurre seu corpo contra o corpo do paciente, ombro com ombro, quadril com quadril, pé com pé. Sem demora, na escuridão, comece a sacudir o chocalho para frente e para trás, acima do peito. É a deixa para que a pessoa do tambor comece a tocar no mesmo ritmo.
9. Agite o chocalho umas 180 vezes por minuto. Deite-se no chão, leve o braço aos olhos para tapar o bruxuleio da vela. Não pare de manejar o chocalho até visualizar claramente sua entrada no Mundo Inferior (ver Figura 7). (Só você, no papel de xamã, empreende a jornada; o paciente não tem responsabilidade de ver ou experimentar nada.)

Ao entrar, pare de sacudir o chocalho. Atenção: o tambor continua a bater forte, no mesmo ritmo em que você estava quando parou. O tambor deve manter a cadência ao longo de sua jornada até você dar o aviso (o sinal é tocar o chocalho quatro vezes, ver Etapa 14). A batida do tambor é essencial para manter a canoa em sua jornada. Em certo sentido, o tambor *é* a canoa, como dizem os chukchees siberianos.[18] Ao som incessante do tambor, você está pronto para a próxima etapa.

FIGURA 7. Acesso terra adentro. (Desenho de Barbara Olsen.)

10. Visualize a entrada ou abertura para a terra e se embrenhe nela. Desça por essa caverna ou túnel. Talvez a passagem pareça um tubo longo e estriado; talvez pareça uma série de cavernas; talvez um córrego fluindo (ver Figura 8). Siga descendo por onde for. Contorne os obstáculos que forem surgindo.

11. Em sua jornada, ao se deparar com algum não mamífero voraz e ameaçador, evite-o a qualquer custo (as razões xamânicas para isso serão explicadas no Capítulo 7). Em especial, evite e passe ao largo de aranhas e insetos que

formam enxames (formigas e outros himenópteros). Também evite serpentes com presas, répteis com presas e peixes com dentes visíveis. Se não conseguir ultrapassá-los, é melhor retroceder. Saia do túnel e tente em outra ocasião. Tenha isso em mente ao longo de toda a sua jornada.

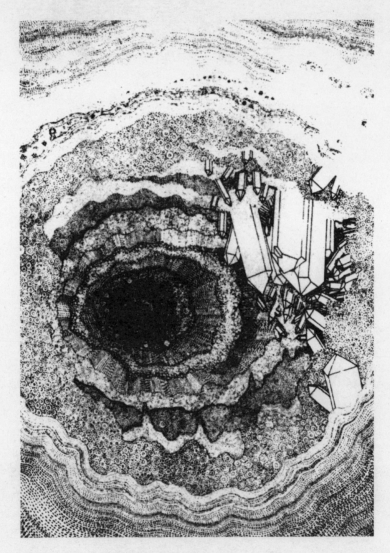

FIGURA 8. O túnel. (Desenho de Barbara Olsen.)

JORNADA PARA RESTAURAR O PODER

12. Ao sair do túnel, você estará no Mundo Inferior (ver Figura 9). Aqui, entre as paisagens vislumbradas por você, acontece a busca de um espírito guardião ou animal de poder para seu parceiro. Procure, com os olhos ainda fechados, enquanto o som do tambor o apoia em sua jornada.

FIGURA 9. Saindo do Mundo Inferior pelo túnel. (Desenho de Barbara Olsen.)

13. Reconhecer o animal de poder é simples: ele aparecerá a você ao menos quatro vezes em diferentes aspectos ou ângulos

(ver Figura 10). Tudo bem se forem mamíferos ou aves de aparência ameaçadora. Ignore serpentes, outros répteis ou peixes que mostrem presas ou dentes. Às vezes, é um animal "mítico" ou humanoide. Raramente é um inseto.

Encontre o animal sem fazer esforço. Se o animal estiver disponível para ser levado por você ao seu parceiro, você saberá. Se o animal se apresentar a você em outra forma que ganhou vida, como escultura em madeira, pedra ou outro material, não se preocupe. Todas essas representações são válidas. É bom repetir: não se esforce muito! Sua busca deve ser relativamente fácil. Afinal, você está atraindo um poder além de seu "eu" comum.

FIGURA 10. Ver quatro vezes o animal de poder. (Desenho de Barbara Olsen.)

14. Após vislumbrar o animal quatro vezes, segure-o imediatamente com uma das mãos e aproxime-o de seu peito. O animal aceitará isso de boa vontade; caso contrário, não teria se apresentado. Com o animal junto ao peito, pegue o chocalho e balance-o intensamente quatro vezes. Esse é o sinal para o baterista momentaneamente cessar o tambor. Então agite o chocalho em cadência acelerada (210 vezes por minuto). O ritmo do tambor deve espelhar o do chocalho. Velozmente retorne pelo túnel rumo à sala. Isso leva uns trinta segundos. A viagem de regresso deve ser rápida, para que o animal guardião não seja perdido inadvertidamente.
15. Ponha de lado o chocalho, mantenha o animal junto ao peito. Ajoelhe-se na frente de seu parceiro deitado. (No momento em que você se ajoelha, a batida do tambor é interrompida.) De imediato encoste as mãos em concha (que contêm o espírito guardião) no esterno do paciente e assopre com toda a força pelas mãos em concha para enviá-lo ao peito dele (Figura 11a). Em seguida, com a mão esquerda, levante seu companheiro à posição sentada. Disponha as mãos em concha na parte superoposterior do crânio de seu parceiro (fontanela). Volte a soprar com força para enviar toda e qualquer energia residual para dentro da cabeça (Figura 11b).
Apanhe o chocalho. Sacuda-o com força e rapidez em quatro voltas completas ao redor de toda a extensão do corpo de seu parceiro, para unificar o poder com o elemento corporal.
16. Com a voz baixa, revele a seu parceiro a identidade do animal que você trouxe de volta. Se não souber o nome do animal, descreva a aparência da criatura. Descreva a viagem nos mínimos detalhes.
17. Ajude seu parceiro a dançar seu animal. Assim, ao experimentar os movimentos em forma material, o animal se sentirá bem-vindo e recompensado. Agite o chocalho e, aos poucos, acelere o ritmo, de acordo com os movimentos do paciente. Ao tambor, o ajudante segue o ritmo do xamã. Minutos depois, agite seu chocalho quatro vezes.

É a deixa para cessar o tamborilar e a dança. Gentilmente ajude o dançarino a se sentar no chão. Dê um lembrete ao paciente: deve dançar seu animal com frequência. Assim, o guardião permanecerá.

18. Troque de lugar com seu parceiro e, se quiser, realize o mesmo tipo de jornada em seu benefício. Quando o seu animal é trazido, você também o faz dançar.

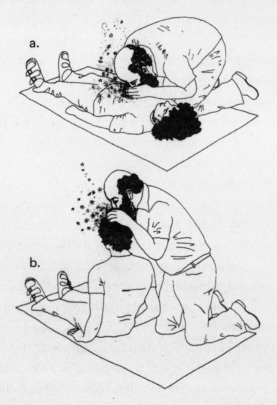

FIGURA 11. (a) Soprando o guardião no peito do paciente. (b) Soprando o guardião na cabeça do paciente. (Desenho de Barbara Olsen.)

Ocidentais, em sua maioria, ficam surpresos ao descobrir o quanto essa jornada para recuperar o animal de poder é vivaz e real. Ao que parece, sua potencialidade de vivenciar a jornada xamânica e de tornar-se videntes é bem maior do que imaginam. Se você ou seu parceiro não forem bem-sucedidos, não desanimem. Tentem de novo mais tarde. Às vezes, a iniciação é lenta até mesmo para quem tem grande potencial.

O poeta Cloutier verteu livremente a seguinte canção do povo tsimshian, do litoral noroeste dos Estados Unidos, dramatizando a jornada para recuperar um espírito guardião, a Lontra:

Ei, ei
iô
iê-ei, ei
eh

Lontra caça
E nada reto pra mim
Lontra se aproxima
E com ela flutuo

iê ei
iô
iê-ei, ei
eh

ao meu ladinho
exercito meu espírito
fascínio da entrada
sob todas as coisas

iê ei
iô
iê-ei, ei
eh

Lontra mergulha
e nada embaixo de mim

*lá na entrada
sob todas as coisas*

*iê ei
iô
iê-ei, ei
eh*

*Lontra está em mim
em meu âmago profundo
Deslize, Alma Lontra,
no lugar sob mim*

*iê ei
iô
iê-ei, ei
eh*[19]

JORNADAS

Talvez você queira comparar as suas experiências com jornadas de restaurar o espírito guardião com as de outras pessoas que trabalham com um parceiro. Em minhas oficinas, coligi exemplos representativos.

Neste primeiro caso que vamos analisar, a pessoa esperou o tempo certo até um animal se apresentar em quatro ocasiões diferentes. Uma visão bem próxima do animal, por exemplo, o *close* de um olho, é perfeitamente válida. Basta ficar bem claro que pertence àquele animal em particular.

Entrei pelo mesmo acesso que usei no começo da noite. Logo me deparei com água. Então a água meio que se esvaiu, como se uma comporta fechasse. Continuei pulando para o trecho seguinte, de novo, e de novo. Então a água virou barro. Continuei em frente na mesma caverna, até me deparar com uma ponte de madeira. Atravessei a ponte correndo. A ponte em aclive desembocava numa escadaria. Subi aqueles degraus por um bom tempo até emergir enfim no que parecia ser uma savana africana. Muitos animais diferentes apareciam e sumiam. Súbito, avistei um antílope à beira de uma aguada natural. Logo ele se revelou muito vivaz e me apareceu vividamente por quatro vezes distintas. E, numa delas, acima de mim! A última vez foi um ousadíssimo *close* do olhar. Então eu o trouxe de volta para o meu parceiro.

No caso a seguir, o animal fez uma exibição rara de seu poder, investindo contra a pessoa duas vezes – inclusive, numa das ocasiões, passou direto por ela. Isso costuma acontecer nas buscas pela visão tanto dos indígenas das Grandes Planícies norte-americanas quanto dos Shuar, bem como a experiência de "apagar" depois, que a pessoa também relatou. O indivíduo não tinha sido alertado sobre esses assuntos. O animal de poder era um cavalo. Esse fato é digno de nota, pois parece constituir uma exceção à "regra" de que animais domesticados não servem como espíritos guardiões. Mas o cavalo que apareceu era selvagem, sem cavaleiro e indomado.

Desci pelo meu túnel, ao lado do penhasco numa ilha que visitei certa vez, ao largo da costa espanhola. Conduz a uma caverna subaquática com 10 metros de diâmetro que você só alcança mergulhando. Fiquei lá sentado esperando algo acontecer quando um cavalo começou a galopar em minha direção. Sabe, avistar um cavalo correndo em nossa direção é muito assustador. Por isso acho que eu meio que apaguei. Seja como for, quando recobrei os sentidos – quase instantaneamente –, deparei com um carneiro branco no lugar do cavalo. Ele movia a cabeça como se orientasse para o lado. Corri o olhar em volta. O que havia atrás de mim? Um cavalo branco de crinas baias... O mesmo que eu tinha visto antes!

Irrompeu no trote em minha direção. Pensei: *Ai meu Deus, lá vem ele de novo*. Veio e cruzou a galope na minha frente. Daí eu vi o carneiro novamente. Nesse ponto, eu tinha visto o cavalo duas vezes e o carneiro duas vezes. Corri o olhar no entorno e pensei:

bem, foram duas vezes cada um. Mas eu deveria ver o mesmo animal quatro vezes.

Foi quando comecei a ver peixes. Vi um que parecia um espadarte. Saltou duas vezes para fora d'água. Pensei: bem, foram duas vezes. Agora eu tinha visto três animais duas vezes. Então o peixe-espada reapareceu. Três vezes no total. Voltou a mergulhar. Olhei a lâmina de água e calculei onde saltaria de novo. Mas só apareceu um bagre horrendo. Bem, não era ele.

Então um urso se aproximou de mim, mas deu meia-volta, como se eu o tivesse afastado com meu próprio poder. Nisso uma alcateia de lobos me cercou, prestes a me atacar. De repente o cavalo ressurgiu. Empinou sobre duas patas e relinchou para espantar os lobos. Então foram três aparições do cavalo. Mas ele sumiu. Dei meia-volta, pensando em retornar, e lá estava ele, parado, na saída do túnel. O cavalo branco de crinas baias. Então eu o trouxe de volta comigo.

Às vezes, o xamã é malsucedido em sua jornada para recuperar o animal de poder para seu paciente. A próxima experiência ilustra isso. De qualquer modo, todas as jornadas agregam conhecimentos ao xamã, numa gradativa integração com outras informações adquiridas no EXC.

Essa jornada em especial foi bizarríssima para mim. Percorri um mundo completamente desabitado. Um mundo todo erigido artificialmente, todo construído por humanos ou outras criaturas inteligentes, todo compartimentado e geométrico. Lembrava uma superestação espacial, sem qualquer sinal de vida no entorno. Mas dava a impressão de que havia algo robótico escondido por lá.

No caso seguinte, a águia demonstra seu poder (como fez o cavalo no caso anterior) por meio de um comportamento visualmente feroz.

Entrei nessa caverna que conheço e me enfurnei nela, mais e mais. Súbito atingi um túnel íngreme e acelerei a minha descida. Eu meio que sentia para onde estava indo. Saí no mesmo território que eu já tinha visitado. Avistei uma águia, mas ela desprendeu voo. Numa árvore tinha um esquilo-vermelho. Fiquei na dúvida se o guardião seria o esquilo-vermelho ou a águia. Esperei um tempinho até que, de repente, a águia deu um rasante e desferiu um ataque contra o esquilo, mas, em vez de matar o esquilo e comê-lo, abortou a carga. O esquilo escapuliu, e a águia só ficou sobrevoando. Eu a vi de vários ângulos e a trouxe de volta.

Como já mencionei, os shipibo-conibo usam as raízes de certas árvores para descer ao Mundo Inferior. No caso a seguir, a pessoa descobriu essa técnica por si mesma. Isso ilustra bem como os conhecimentos xamânicos vão se acumulando no EXC, até mesmo no que se refere ao método. Para abreviar a história, só a parte inicial do relato é apresentada (o animal de poder recuperado foi o tigre).

Desci pelo buraco e andei no subsolo entre as raízes de um pinheiro. Para não cair no terreno acidentado, subi nas raízes e fui me equilibrando sobre elas. As raízes se ramificavam, cada vez mais estreitas. Então me deparei com uma raiz de cor um pouco mais clara do que a cor que eu havia usado na última viagem e fui andando sobre ela. Eu a segui até que ela terminou de repente. À minha frente havia um poço profundo com as paredes todas pretas. Percebi que não tinha outro jeito e pulei. Minha queda no vácuo da escuridão levou um tempo até que por fim vislumbrei contornos de algo estreito e reto, logo abaixo. Uma corda grossa sustentava a ponte que atravessava o poço. Aterrissei na corda e coloquei os dois pés na ponte. Caminhei para o lado direito. Na cabeceira da ponte, um tigre magnífico olhava para mim. [...]

SINCRONICIDADES

Uma característica interessante é que a bem-sucedida jornada pelo espírito guardião costuma envolver sincronicidades ou coincidências notáveis. É comum, por exemplo, o paciente receber o animal e revelar ao xamã que já tem uma ligação inusitada com esse animal em particular. Um vínculo profundo na infância, um encontro peculiar recente, uma tendência de longa data de coletar imagens e desenhos da criatura em particular.

Outro tipo frequente de sincronicidade tem a ver com o paciente experimentar os mesmos detalhes da jornada que o xamã, sem que tenha ocorrido comunicação verbal. Esse tipo de semelhança na experiência é ainda mais significativo quando um grupo de pessoas empreende a jornada xamânica junto, tripulando a canoa espiritual. Não raro, vários membros da tripulação encontram o mesmo animal repetidamente e corroboram detalhes específicos da aparência dele no intercâmbio ao cabo da jornada.

No trabalho xamânico é importante estar atento à ocorrência de sincronicidades positivas. Elas sinalizam que o poder está trabalhando para gerar efeitos muito além dos limites normais da probabilidade. Na realidade, observe a frequência das sincronicidades positivas como uma espécie de dispositivo localizador, análogo a um sinal de rádio direcional, para indicar que os procedimentos e métodos corretos estão sendo aplicados.

Quando a "boa sorte" se repete de modo surpreendente, o xamã está trabalhando de modo correto e se beneficiando do poder. Alguns casos representativos ilustram os tipos de sincronicidades positivas que costumam ocorrer no trabalho de resgate de espíritos guardiões.

No primeiro caso, a pessoa que atuava como paciente viu o animal de poder assim que foi soprado nela, sem que a pessoa que agia como xamã lhe dissesse nada sobre isso.

Parceiro que atua como xamã: Desci pela abertura no chão e enveredei num túnel em que já estive muitas vezes. Pulei para a outra margem do pequeno riacho que o atravessa. Em seguida me embrenhei numa parte da caverna que eu nunca tinha entrado antes, uma passagem escura. Sempre a evitava e escolhia outro caminho. Ela me conduziu a um lugar desértico, com várias espécies de cactos ao redor. Apareceram diversos animais cujo habitat é o deserto. Foi quando avistei um puma. Tudo aconteceu muito rápido. O puma tentou fugir de mim, como se estivesse me provocando, mas correu em direções diferentes para que eu o visse por quatro ângulos distintos. Então eu o trouxe de volta.

Parceiro que atua como paciente: Ele me fez sentar e soprou na minha cabeça. Na mesma hora me veio a imagem vívida de um grande felino rosnando e arreganhando os dentes. Foi tão vívido que concluí que havia uma relação. Daí ele me disse que tinha acabado de soprar um puma em mim.

No caso seguinte, o Parceiro A, em sua jornada de exploração introdutória, encontrou uma antiga casa de fazenda. Perto da colina, avistou um macho de cabra-montês e não contou a ninguém. A Parceira B, sem ter conhecimento disso, na jornada para recuperar um animal de poder para o Parceiro A, deparou-se com uma casa de fazenda e, ali perto, na encosta, com a cabra-montês. A parceira xamã trouxe a cabra-montês ao Parceiro A. Esse tipo de sincronicidade significa, do ponto de vista xamânico, que não há dúvidas sobre qual é o animal de poder da pessoa e de que ele está disposto a ser trazido de volta.

Parceiro A: Passei direto pelo túnel. Velozmente percorri longa distância. Emergi num lugar que parecia a sede de uma fazenda, antiga e remota. Por um tempo, fiquei ali de boa, ao redor da casa. Construção rústica e sólida, toda em madeira. Então subi a colina e avistei um imponente macho de cabra-montês. Então voltei.

Parceira B: Fui até a minha caverna e descambei buraco adentro. Eu não estava nem um pouco otimista de que ia encontrar alguma coisa. De repente notei num penhasco um belo e alvíssimo macho de cabra-montês. Ele me encarou por um tempo. Então disparou e alcançou um platô forrado de grama. Segui os passos dele. Ao longe vislumbrei uma grande casa de fazenda. Um prado lindíssimo. Fui me aproximando da casa, e o cabrão apareceu de novo na encosta da montanha. No total, o macho de cabra-montês me apareceu quatro vezes. Na quinta vez, ele estava prestes a entrar num buraco. Ele era brincalhão e tive ímpeto de segui-lo, mas fiz outra coisa. Eu o capturei e trouxe comigo.

Parceiro A: Não contei a ela que eu tinha visto a cabra-montês. Toda vez que algo assim acontece, minha parte racional pergunta: essa experiência é mesmo externa ou fabricada por nosso subconsciente? Mas na realidade não faz sentido essa pergunta.

A CANOA ESPIRITUAL GRUPAL

Uma adaptação do método da canoa espiritual dos salish litorâneos, descrito acima, serve como valiosa experiência grupal. Um bom número de pessoas se une para formar a canoa e recuperar o animal de poder de alguém. Essa turma deve ter completado com sucesso o trabalho até este capítulo, e um deles já deve ser reconhecido como xamã. Se você formar um grupo para fazer uma canoa espiritual, o ideal é ter um paciente gravemente deprimido, sem ânimo ou doente – alguém cuja necessidade de poder seja urgente. Assim, o esforço do grupo será aplicado em sua plenitude.

Essa é uma adaptação do método da canoa espiritual. Deitado ao lado do paciente, o xamã pratica o método usual de recuperação do espírito guardião. Diferentemente da técnica anterior que você aprendeu, os outros membros do grupo se unem para formar uma canoa ao redor da dupla, manejando remos e varas e atuando como vigias e protetores na jornada ao Mundo Inferior.

Essa adaptação consiste nas seguintes etapas:

1. Todos os participantes, exceto o paciente, seguem as etapas da *Dança de iniciação* e de *Como dançar seu animal*, descritas no Capítulo 4. Nessas danças, o tambor é tocado no ritmo do chocalho do xamã. Enquanto dançam, os participantes manejam chocalhos no andamento ditado pelo xamã.
2. Sobre um cobertor estendido no chão, o paciente se deita de costas na sala silenciosa e escura. Ao redor do paciente

deitado, o pessoal que atua como tripulação xamânica forma o contorno da canoa, a proa apontando na mesma direção que os pés do paciente. Os membros da tripulação, os remadores, formam as bordas da canoa. Cada remador encosta uma das pernas na perna da pessoa à frente, e a outra na perna da pessoa atrás, formando uma corrente humana ininterrupta.

No centro da popa, fica sentada a pessoa que toca o tambor. Sobre os joelhos dela repousa o tambor que dá o ritmo aos remadores enquanto a canoa viaja ao Mundo Inferior (ver Figura 6).

3. Os remadores formam a canoa. Em seguida, o xamã líder apaga todas as luzes (à exceção da vela atrás do percussionista) e dá um passo para entrar no meio da canoa.
4. Agora o xamã executa o mesmo trabalho descrito no começo deste capítulo, nas etapas 4 e 5 da seção "Como empreender a jornada para recuperar um animal de poder".
5. Para acompanhar o xamã, o grupo entoa junto a canção de poder. O trabalho da canoa espiritual é mais eficaz se todo o grupo cantar a letra em uníssono.
6. O xamã agora executa o trabalho descrito nas etapas 6 a 9 da seção "Como empreender a jornada para recuperar um animal de poder".
7. Então, quando o tambor começa a bater, os tripulantes começam a remar. Ao ritmo do tambor, a tripulação rema fisicamente ou utiliza varas ou remos imaginários. Na penumbra da sala, todos os participantes – o xamã, o percussionista e os tripulantes da canoa – visualizam-se entrando no Mundo Inferior.

O xamã, no centro da canoa, ao lado do paciente, é o único a bordo da canoa cuja missão é buscar o espírito guardião. Essa responsabilidade é apenas dele. Os demais tripulantes da canoa, no entanto, *perscrutam* o Mundo Inferior para detectar e afastar todo e qualquer perigo circundante, além de coletar informações para compartilhar após o fim da jornada. Em uníssono entoaram a canção de poder do líder xamã para chamar seus espíritos. Por isso, agora cada tripulante traz consigo seu próprio e particular guardião. Com a ajuda desses animais de poder, vasculham o túnel e depois o Mundo Inferior. Se avistarem um réptil com presas, um inseto voraz ou qualquer criatura não mamífera com dentes à mostra, devem exortar seus próprios animais de poder a afastá-los e mantê-los longe da canoa. Fazem isso emitindo os sons de seus animais específicos.

8. Aqui o xamã realiza o trabalho descrito nas etapas 10 a 14 da seção "Como empreender a jornada para recuperar um animal de poder".

9. O xamã agita com força o chocalho quatro vezes. É o sinal de que já tem o espírito guardião do paciente, o sinal que avisa a pessoa do tambor e toda a tripulação: a jornada de retorno deve ser feita imediatamente. Visualizam a canoa fazendo meia-volta e, com vigorosas remadas, sobem pelo túnel em velocidade máxima. Os remadores e o percussionista cessam tão logo o xamã para de sacudir o chocalho. É sinal de que a canoa voltou.

10. O xamã executa as tarefas descritas nas etapas 15 e 16 da seção "Como empreender a jornada para recuperar um animal de poder".

11. Os tripulantes da canoa sentam-se ao redor do paciente, de frente para a parte interna do círculo. Assim, o paciente tem espaço para dançar seu animal. Quando a dança termina, o xamã gentilmente ajuda o dançarino a se sentar no chão para descansar. Coloca o braço em volta do paciente para indicar seu apoio contínuo e descreve sua experiência na jornada aos outros. Em seguida, os tripulantes descrevem suas próprias experiências ao longo da jornada. O xamã faz comentários, complementando as experiências pessoais do grupo com seus próprios conhecimentos.

Então o xamã aproveita a oportunidade para sugerir, até onde seus próprios conhecimentos permitirem, como as experiências individuais se relacionam com o paciente e com os conhecimentos sobre a realidade incomum. Antes de iniciar esse intercâmbio de ideias, o xamã pergunta se o paciente tem algo a dizer. Não raro, pacientes relatam que o animal específico ou outro guardião trazido pelo xamã desempenhou um papel relevante na vida deles, especialmente na infância.

Além de recuperar espíritos guardiões, a canoa espiritual também é utilizada para recuperar almas vitais (método não tratado aqui) e em jornadas exploratórias. Essas jornadas exploratórias não exigem a presença de um paciente no meio da canoa. Nessas circunstâncias, o papel de tocador do tambor é essencial e, de preferência, é desempenhado por um xamã experiente. A tripulação compartilha experiências após cada jornada, acelerando o acúmulo pessoal de conhecimentos xamânicos.

Com as jornadas exploratórias, o xamã obtém ajudantes espirituais (ver Capítulo 7) e conhecimentos sobre como tratar os mais diferentes tipos de doenças. Nessas jornadas pelo EXC, o xamã costuma ser guiado e instruído por seu espírito guardião que o conduz aos locais de tipos de espíritos específicos. No trecho a seguir, um xamã tavgi samoieda da Sibéria relata sua primeira viagem ao Mundo Inferior: um espírito guardião o leva a uma localidade onde ele aprende a tratar doenças mentais.

> Diante de nós avistamos nove tendas. Tive a impressão de que estávamos na rua. No interior da primeira tenda, despidos, sete homens e mulheres cantavam o tempo todo e, ao mesmo tempo, estraçalhavam os corpos uns dos outros a dentadas. Fiquei apavorado.
> – Deixe que eu explique. É melhor você nem arriscar um palpite – disse meu companheiro [espírito guardião]. – Nos primórdios, foram criadas sete Terras. E nós (humanos) perdemos a cabeça pela influência dos espíritos dessas sete Terras. Uns começam a cantar, outros enlouquecem, fogem e morrem; outros se tornam xamãs. Em cada um dos sete promontórios de nossa Terra habita um louco. Quando se tornar um xamã, você mesmo os encontrará.

Um pensamento me veio aos lábios:

– Onde posso encontrá-los? Você me levou ao lugar errado.

– Se eu não o levasse para ver (os espíritos), como você seria capaz de curar os loucos pela magia? Você precisa conhecer todos os tipos de doenças.[20]

CAPÍTULO 6
EXERCITAR O PODER

Entre os xamãs, há controvérsias sobre o quanto é aconselhável contar à pessoa sobre a identidade de seu guardião animal. Os Shuar guardam segredo em relação a isso. Na percepção deles, existe o risco de o animal guardião que tem sua identidade revelada abandonar a pessoa. Contudo, entre as tribos das Grandes Planícies norte-americanas, é normal ouvir indivíduos falando publicamente sobre seus espíritos guardiões. Cada cabeça, uma sentença. A minha tendência, talvez por meu treinamento shuar, é de não falar sobre a identidade dos animais de poder. Entretanto, em minhas oficinas, em que a turma opera em conjunto, em um contexto sério, em prol da ajuda mútua, compartilhar essas informações confidencialmente para aprimorar os conhecimentos e os poderes xamânicos normalmente não ocasiona a perda do espírito guardião. Há relatos de que os indígenas salish sinkaietks, do estado de Washington, têm opinião semelhante.[1]

Utilize seu animal de poder guardião no dia a dia e se mantenha consciente de suas sensações. Quando você se sente pleno de poder, é hora de superar grandes obstáculos em sua vida e de enfrentar desafios importantes. Quando se sente sem ânimo ou sem espírito, evite as crises – e não tente ajudar ninguém xamanicamente.

CONSULTAR O ANIMAL DE PODER

Antes de prosseguirmos para um nível mais avançado, faça várias viagens túnel adentro para ver seu animal guardião e consultá-lo. Na literatura antropológica, esse tipo de consulta denomina-se comumente "adivinhação". Você consulta o seu animal de poder no intuito de obter conselhos sobre problemas pessoais. Ou para descobrir a causa secreta e como tratar a doença de um paciente.[2] A consulta segue as mesmas etapas que você aprendeu para realizar a jornada sozinho. À medida que esse método se torna familiar, você talvez nem precise de um tambor para ajudá-lo a entrar no EXC. Mas no começo é melhor ter um parceiro para tocar o tambor ou reproduzir uma gravação de tambores xamânicos (Apêndice A).

Mesmo que você esteja com o poder dele, o guardião se movimenta à vontade, ora ficando em seu corpo, ora o deixando. Os Shuar e outros povos aprenderam, inclusive, que o poder fica com você por duas semanas, ainda que o guardião não retorne ao corpo.[3] Em geral, o animal está por perto e mesmo numa jornada breve ele aparece para você. Muitas vezes, o animal de poder está no túnel ou logo na saída da outra ponta. Ao se deparar com seu guardião, faça uma saudação silenciosa e, sem perder contato visual, exponha a sua dúvida. Em resposta, o animal de poder faz estranhos movimentos corporais diante de você, ou o conduz por uma jornada através do Mundo Inferior, e a natureza das experiências da jornada é buscar respostas à sua pergunta. Não importa a maneira que o animal guardião escolha para lhe responder, tente recordar-se de todos os detalhes com clareza e então volte pelo túnel à consciência comum.

Nas primeiras vezes em que você se envolve nesse trabalho, faça uma pergunta simples de "sim" ou "não". Isso simplifica a compreensão da resposta na hora de decifrar os movimentos do animal à sua frente. À medida que você se torna mais experiente em entender a "linguagem" corporal do guardião, é possível aumentar o nível de dificuldade das perguntas. É recomendável tomar notas em uma agenda ou gravar áudios que ajudem a lembrar dos detalhes das informações obtidas. Adote esse bom hábito em seu trabalho xamânico cotidiano.

Porém, não espere aparecer um problema para só então visitar seu animal de poder pelo método de jornada. Vê-lo é benéfico mesmo sem ter perguntas a fazer. Essas visitas desencadeiam sincronicidades positivas e, muitas vezes, trazem soluções aos problemas que atribulam a vida da pessoa.

VISÃO PRÉVIA DE UMA VIAGEM REAL

A pedidos, a jornada xamânica é empreendida como uma espécie de antevisão do que irá acontecer com a pessoa em viagens planejadas na realidade comum. Um europeu visitou os yuraks samoiedas da Sibéria e relatou:

> Antes de passar as férias de verão na baía de Tazorskaya, consultei o feiticeiro [xamã] em Obdorsk sobre se eu teria sorte na viagem. Bateu o tambor e partiu, por assim dizer, para aquele lugar, através das nuvens. Chegando ao rio Pur, teve dor de cabeça – sinal de que eu também adoeceria lá. O barco dele adernou num redemoinho na foz do rio Pur. O mesmo aconteceria comigo. Por fim, acima, no rio Taz, alcançou o *numkympoi* – o espírito que "ilumina". Ou seja, a viagem terminaria feliz para mim, e eu voltaria em segurança.[4]

É uma pena que o escritor não tenha indicado até que ponto as previsões do xamã foram exatas. Até mesmo os antropólogos simpatizantes tendem a omitir de seus relatos etnográficos esse tipo de informação. Uma exceção é Kensinger, conceituado antropólogo que morou vários anos com os caxinauás, tribo peruana. Os caxinauás – como os shipibo-conibo e os Shuar – costumam fazer viagens xamânicas regadas a *ayahuasca*. Kensinger fornece este testemunho pessoal incomum sobre a exatidão das informações obtidas na jornada:

> Pucallpa, a grande cidade às margens do rio Ucayali e de importante entroncamento rodoviário, foi descrita por informantes que nunca estiveram lá nem viram fotos do local. Esses informantes, sob a

influência da *ayahuasca*, contaram detalhes suficientes para me permitir reconhecer lojas específicas e pontos turísticos. No dia seguinte à festa de *ayahuasca*, seis dos nove homens me informaram que viram a morte do meu chai, "o pai de minha mãe". Dois dias depois, uma mensagem de rádio me informou que meu avô tinha morrido.[5]

MANUTENÇÃO DO PODER

Assim que tem o seu animal de poder restaurado, a pessoa passa a se sentir melhor. Nos dias seguintes, o poder gradativamente flui em seu corpo. Se você tiver essa boa sorte, nem pense em se acomodar. Comece uma rotina semanal para reter o poder. Em outras palavras, manter seu animal de poder satisfeito, pois o espírito entrou em seu corpo não só para ajudar o paciente, mas também para se ajudar. Ele entrega o poder a você e, em troca, recebe a alegria de voltar a experimentar a vida em forma material. Portanto, semanalmente dedique uns minutos para dançar seu animal, com a ajuda de chocalhos, como aprendemos antes. Pessoas que mantêm a dança semanal incentivam seus espíritos guardiões a ficar com elas. Se esse treinamento não perdurar, talvez elas não conservem o poder por muito tempo. Quem adota a rotina semanal de exercitar seu animal relata a tendência de manter uma sensação de otimismo e poder; essas pessoas costumam dizer que são capazes de lidar positivamente com os problemas do dia a dia, adoecem com pouca frequência e sentem-se física e mentalmente mais saudáveis.

Mesmo dançando e exercitando seu animal de poder, é de se esperar que, aos poucos, ele se inquiete e faça longas viagens noturnas. Enquanto você dorme, ele vaga pela noite. Mesmo se o guardião estiver temporariamente ausente, o poder permanece com você. Esta frase do povo salish sinkaietk resume bem isso: "O poder fica com a pessoa o tempo todo, mas o espírito se afasta até bem longe".[6] Mas atenção: se você acorda sempre no meio da noite sem ânimo, deprimido, isso indica que seu guardião não está apenas vagando. Ele deixou você.

Essa inquietude do animal de poder enfraquece e diminui seu vínculo com ele. Talvez você já tenha lido que, em muitas culturas primitivas, uma pessoa fica gravemente doente ou até mesmo vai a óbito ao sofrer um choque ou susto repentino. Do ponto de vista xamânico, isso acontece especialmente quando seu guardião animal tem uma frágil conexão com você. Talvez o espírito guardião se desprenda de você para nunca mais voltar.

Enquanto a pessoa dorme, o espírito guardião dela, ou até mesmo sua alma, vagueia. Por isso, nessas culturas primitivas, toma-se muito cuidado para despertar as pessoas de modo suave. Assim, culturas xamânicas geograficamente longínquas entre si – como a do povo murngin da Austrália e a do povo warao da América do Sul – consideram perigoso acordar alguém abruptamente.[7] Para os murngins, isso é um perigo, dia e noite: "Nas tardes abafadas, os homens dormem à sombra, mas, se for necessário acordar um deles, isso nunca é feito às pressas, e sim com doçura e cuidado".[8] Nas casas dos Shuar, pessoas são despertadas com o máximo de suavidade, inclusive com alguém tocando na flauta uma doce e bonita melodia. Desnecessário mencionar: o uso do despertador não é xamanicamente saudável. De fato, às vezes, o costume é de sequer acordar xamãs adormecidos.

A jornada para restaurar o poder engloba tratar xamanicamente as questões de choques ou sustos. Se a pessoa sofre um acidente automobilístico traumático, o xamã a trata independentemente de a vítima estar fisicamente ferida. Claro, esse trabalho suplementa e não substitui o tratamento médico ortodoxo. O tratamento específico, se a vítima não estiver em coma, é restaurar ou obter o espírito guardião dela para reenergizá-la. Se a vítima estiver em coma, o tratamento envolve primeiro recuperar o seu espírito vital ou alma (técnica avançada não tratada aqui), para que ela não morra. A velha expressão "morrer de medo" nos remete à sobrevivência de antigos conhecimentos xamânicos europeus sobre esses tópicos.

Perder um espírito guardião não significa perder seu poder imediatamente. Como dizem os Shuar, "o poder dele é como perfume": perdura e se dissipa lentamente, ao longo de várias semanas. Nesse período, procure ajuda de um parceiro para restaurar outro animal de poder. Se fizer isso logo, o animal substituto "guarda" o poder remanescente do anterior. E assim, com essa técnica, ano após ano, a pessoa gradativamente adquire um pouquinho do poder protetor de vários espíritos guardiões. Mas o poder acumulado só permanece "guardado" enquanto a pessoa tiver em sua posse ao menos um animal de poder.

SONHOS GRANDES

Existem dois tipos de sonhos do ponto de vista xamânico: os sonhos comuns e os sonhos incomuns, ou "grandes". O foco dos xamãs é sonhar grande. Sonhar grande é o sonho que se repete basicamente igual em noites diferentes. Sonhar grande também é um sonho isolado, mas tão vívido quanto estar acordado: um sonho extraordinariamente poderoso. Sonhar grande estabelece uma comunicação com seu espírito guardião, seu animal de poder. Sonhar grande, às vezes, é sonhar com o próprio guardião.

Sonhar grande traz mensagens literais, nada a ver com simbolismos ocultos.* Se num sonho grande acontece um acidente automobilístico em que você se machuca, atenção: o espírito guardião o está avisando que vai sofrer esse acidente. Talvez você não consiga evitá-lo, mas tem como encená-lo simbolicamente, sozinho ou com um amigo, de modo bem menor e, assim, evitar ocorrências mais graves. Em outras palavras, o sonho não é simbólico; a representação, sim. É fácil de fazer isso em sua casa, ainda mais se tiver um parceiro xamã para ajudar a encená-lo sem que ninguém se machuque. Só recrie o sonho de maneira simples e inofensiva e acabe logo com isso. Essa é uma técnica conhecida entre as tribos norte-americanas do Nordeste e do Oeste.[9]

---

* Nas tribos zulus da África do Sul, quando um membro da comunidade tem um sonho que os xamãs acham relevante, ele é encenado para que sua mensagem seja compartilhada para toda a tribo. Os zulus acreditam que o futuro pode ser mudado, e o sonho é um canal para esse propósito. [N. de RT.]

Ainda sobre o tema de acidentes automobilísticos, eis um relato que recebi de um participante que, numa de minhas oficinas, aprendeu a teoria dos "sonhos grandes":

Pouco tempo após minha participação no *workshop*, uma noite tive um sonho extremamente intenso, retratando um acidente com o carro em que eu estava. Ao examinar a imagem e todas as minhas emoções naquele sonho, percebi que não fiquei muito ferido – mas sim transtornado com a experiência. No sonho, uma característica vívida do acidente envolveu o contato com o metal por duas vezes.

Na época, eu soube: precisava encenar o sonho para evitar a realidade do acidente nesse plano de consciência. Mas prefiro investigar as coisas a fundo e escolhi de modo consciente não fazer qualquer atividade relacionada ao sonho.

Um mês depois, ao volante de meu carro, com meu filho no banco de trás – cientes do quanto o nosso afeto, amor e positividade eram mútuos –, um carro se materializou em nossa frente um átimo antes da colisão. Esperei o carro cessar o giro de 180 graus, ciente de estar imobilizado com meu filho no interior do veículo pelo impulso do giro, e também de estar do lado externo e ligeiramente acima do carro, observando todo o "sonho" acontecer – novamente. Ao longo de todo o episódio, um sentimento de paz profunda me dominou, como se eu estivesse cônscio da presença de meu espírito guardião ali comigo, me protegendo das ameaças.

Quando o carro parou, tomei as medidas necessárias com a cabeça totalmente fria: verificar se havia ferimentos em mim e no meu filho; providenciar uma ambulância; tranquilizar os espantados transeuntes de que estava tudo bem; solicitar a um homem de confiança para conferir o estado de saúde de meu filho, que parecia estar em leve estado de choque. Fiz tudo isso controlando meus próprios batimentos cardíacos – para não entrar em choque – com o joelho retalhado sobre o encosto do banco até me removerem das ferragens e eu ser atendido no hospital.

O acidente em meu sonho foi praticamente igual ao da vida real. Com duas exceções: primeiro, eu trafegava numa rua diferente. Segundo, em meu sonho eu estava sozinho no carro.

A princípio pensei que a mulher do outro carro tinha nos acertado em cheio. Após uma investigação mais aprofundada, descobri que meu carro havia batido no dela quando ela dirigia à nossa frente. Meu rodopio também foi interrompido ao bater na traseira do carro dela. Literalmente colidi no metal e completei o acidente com nova batida metálica.

Três seres humanos se "envolveram" no acidente, mas só eu sofri ferimentos físicos – o talho profundo no joelho.

Esse acidente me fez perceber algo interessante: não me machuquei seriamente. Ganhei uma cicatriz que me faz lembrar de imediatamente encenar quaisquer sonhos de natureza séria! Tudo "se encaixa" nesse episódio, inclusive o seguinte: quando o senhor recuperou meu espírito guardião, algo nele denotava riqueza material. A cicatriz no meu joelho – embora não seja dolorosa para mim – foi considerada pela seguradora "grave" o suficiente para me conceder um valor considerável de dinheiro... o suficiente para agora me sentir "rico".

Sonhos grandes nem sempre são ameaçadores: sonhos grandes também são bons. É o seu guardião comunicando: quer experimentar, no mundo real, a sensação agradável que você sentiu no sonho. Quer que você encene fisicamente a ocorrência. Bom ou ruim, o sonho grande deve ser encenado o mais rápido possível. Claro: no caso de um sonho grande "bom", você não precisa se limitar a uma encenação simbólica.

Espíritos guardiões sempre são bons; mas se as mensagens do seu animal de poder forem ignoradas, ou se não forem exercitadas pela dança, ele se sentirá desconfortável, sem ânimo e talvez queira deixar o seu corpo. O desconforto dele flui involuntariamente para sua própria consciência, desencadeando ansiedade e tensão. Se você não fizer nada, o guardião logo o deixará, e você outra vez ficará sem ânimo.

RESTAURAÇÃO REMOTA DE PODER

Na opinião dos Shuar, uma pessoa com espírito guardião é praticamente imune à morte, exceto a resultante de pandemias. Não se fere ou adoece gravemente, exceto também em situações pandêmicas. Não está claro quantos povos primitivos têm visão semelhante, mas não há como, dentro dos padrões da realidade comum, comprovar ou refutar o pressuposto shuar sobre essa capacidade do espírito guardião. Sob o prisma Shuar, se a pessoa morre, é evidência de que já havia perdido o guardião. Na realidade comum, é impossível entrevistar pessoas mortas a fim de saber se elas de fato perderam seus espíritos guardiões antes da morte. Assim, argumentos contra a visão dos Shuar só se sustentam com base em crenças.

O espírito guardião tem um poder protetor que atua na prevenção: ferimentos ou doenças graves só acontecem se a pessoa tiver perdido essa proteção. Assim, é natural que, em seu trabalho de cura, o xamã busque – de modo urgente e com a maior rapidez possível – restaurar um dos espíritos guardiões que a pessoa perdeu. Em nossa sociedade não xamânica, é praticamente impossível fazer o trabalho necessário no mesmo quarto que a pessoa hospitalizada. Nos Estados Unidos, exceções são toleradas, desde que os dois, xamã e paciente, pertençam a etnias indígenas. Em hospitais da reserva navajo, por exemplo, visitas de curandeiros nativos são cada vez mais incentivadas, à medida que a equipe médica ocidental se conscientiza sobre seus efeitos benéficos. Para os não indígenas, porém, há de levar ainda muito tempo para o tratamento complementar xamânico ser aceito em ambientes hospitalares. Nesse meio-tempo, utilize a seguinte técnica remota para restaurar o poder do guardião.

Suponha que um amigo ou parente esteja num quarto de hospital, a quilômetros de distância, e você queira ajudá-lo xamanicamente. Se a pessoa estiver em estado grave, provavelmente perdeu seu espírito guardião. Num quarto silencioso e escuro, feche os olhos, entoe sua canção de poder, baixinho ou em voz alta, e balance o seu chocalho, se tiver. Mentalmente acorde o seu animal de poder e peça para ele se tornar ativo e vir ajudá-lo.

Na escuridão, vire-se em direção à cidade ou ao local em que a pessoa se encontra, cubra os olhos com as mãos e visualize em detalhes o paciente em seu leito. Esse trabalho remoto, para cura ou outros fins, exige considerável concentração e clareza de "visão", conforme relatado no caso dos aborígenes australianos.[10] Visualize a pessoa e siga em sua jornada rumo ao Mundo Inferior para resgatar o animal de poder daquela pessoa. Ao recuperá-lo, envie-o, mental e emocionalmente, ao paciente visualizado em seu quarto hospitalar.

Mantenha os olhos fechados e invoque *seu* próprio animal de poder. Quando você sentir a força dele intensamente ao seu redor, envie parte desse poder ao *guardião do paciente* para incitá-lo a dançar. Continue assim até visualizar claramente o animal de poder do paciente se erguer e começar a pular, dançar ou correr ao redor e sobre o paciente visualizado em seu leito de hospital. Esse método funciona a qualquer distância. Em termos de ECC, é claro que isso soa insano e com certeza não se encaixa em modelo algum de sugestão psicológica. Mas as sincronicidades positivas de recuperação associadas a esse método são mesmo extraordinárias. Quando o paciente se recuperar, pergunte sobre sonhos ou visões de um animal específico. Não se surpreenda, como já me surpreendi, com a narrativa que você escutar sobre as experiências que o enfermo teve, de modo independente.

Ao enviar o poder do seu animal de poder para ajudar outra pessoa, *tenha cuidado*: destine o poder *só ao animal dele*. Não o envie diretamente à própria pessoa, para não ocasionar danos. Deixe o poder ser filtrado com segurança através do guardião próprio da pessoa acamada, único animal de poder capaz de ajudá-la diretamente. Além disso, evite enviar sua própria energia para ajudar a outra pessoa. Você vai se exaurir e ter dificuldade para seguir o trabalho, mas a pessoa precisa que você continue. Em suma, utilize sempre o poder emanado pelo guardião da pessoa. Assim, você termina a sessão de cura descansado e com mais energia do que nunca.

Se o estado do paciente for crítico, repita o processo de visualizar o animal de poder sobre o leito dele, a cada poucas horas. Se você notar que o animal só fica ali deitado, sem fazer nada, em estado não alerta, cuidado! O paciente corre perigo. É preciso reenergizá-lo com o poder de seu próprio guardião, como fez antes, até que o guardião do paciente volte a correr, pular ou dançar ao redor ou por cima dele. Não raro é preciso fazer isso a cada poucas horas, por vários dias, até o paciente estar definitivamente fora de perigo. Mesmo com o paciente fora de perigo é bom manter a rotina uma vez por dia. Depois, se você acha que a pessoa está aberta ao trabalho xamânico, visite-a, explique o que você fez e sugira que ela mesma visualize o animal e o "dance" mentalmente em seu leito no hospital, ou depois que tiver alta, em casa. É surpreendente o fato de que muitos ocidentais doentes ou feridos prontamente aceitam de bom grado a existência de seu animal de poder e com alegria estabelecem contato com ele.

O JOGO DO OSSO

Exercitar o poder inclui vários jogos e competições, uns mais difíceis e avançados do que outros. Iniciantes no xamanismo e outras pessoas experimentam essa prática, que os indígenas do oeste norte-americano chamam de jogo do osso, jogo da estaca ou jogo da mão. Um mínimo de dois jogadores é necessário. O normal é que cada equipe tenha meia dúzia de membros. No jogo, as equipes se revezam, tentando localizar um ou mais ossos marcados escondidos pela equipe adversária. Uma pessoa designada como "revelador" da equipe tenta localizar o(s) osso(s) marcado(s) nas mãos da outra equipe, enquanto a equipe adversária tenta impedir o revelador de descobrir os ossos que esconderam.

Os poderes xamânicos e visionários são utilizados com muita seriedade no jogo do osso. Por exemplo, entre os salish litorâneos, que habitam a costa do estado de Washington, o jogo continua extremamente popular, e os xamãs (localmente denominados "médicos indígenas") são reconhecidos como os melhores reveladores. É presunção desafiar esses médicos poderosos no jogo. Um salish resumiu assim:

> A mente deles é poderosa, não adianta jogar contra os médicos indígenas. Com uma olhada rápida, eles já sabem onde você escondeu

o osso marcado. E não é mera adivinhação, é saber. Você até tenta, mas não consegue enganá-los.[11]

Ao norte de Nevada, nos Estados Unidos, na reserva do povo paviotso/paiute, o jogador inclusive busca visões numa caverna à noite para adquirir poder de *visão* no jogo. De acordo com um paviotso, se obtiver a visão, "consegue ver através de qualquer coisa".[12]

Antes de começar o jogo, é importante combinar uma aposta significativa entre as duas equipes. Assim, os participantes vão jogar com seriedade e usar seus poderes para ver ou impedir a visão. Antigamente, entre os povos indígenas do oeste da América do Norte, tabas ou aldeias que jogavam entre si faziam apostas muito pesadas. Por exemplo, um grupo arriscou todo o seu suprimento de comida de inverno numa aposta. Outros grupos ou indivíduos apostam cavalos e até mesmo esposas.

Em minhas oficinas, os jogos envolvem apostas bem menos extremas. Muitas vezes, os times adversários combinam apostas do tipo: quem perde faz uma massagem de meia hora na equipe vencedora, ou o time perdedor prepara um banquete para o time vencedor. É impressionante como as inúmeras inovações vão sendo criadas pelos participantes.

Um mestre de cerimônias (MC) organiza e coordena as apostas. O primeiro passo é dividir o grupo ao meio. Com o grupo sentado em círculo, basta designar um semicírculo para cada time. O ideal é que cada time fique com número igual de participantes.

Em seguida, o MC aconselha cada grupo a se afastar do outro, longe do alcance dos ouvidos da outra equipe, para que suas conversas não sejam ouvidas. Em suas posições isoladas, cada grupo discute qual aposta está sujeito a aceitar, perdendo ou ganhando. As apostas não precisam ser iguais. O MC transita entre os grupos, transmitindo ofertas e contrapropostas. Também lhe cabe esclarecer as regras do jogo e arbitrar caso haja mal-entendidos entre as equipes.

A negociação é um processo demorado, mas divertido. Esse longo período de negociação é uma parte valiosa do exercício, pois aumenta a sensação de expectativa preparatória ao jogo do osso.

Quando as apostas, intermediadas pelo MC, são aceitas pelos dois times, cada qual começa os preparativos para a competição.

Os dois times se posicionam em linhas opostas. Vai começar o jogo. A partir daí é proibido conversar. Por isso, os times precisam debater e elaborar táticas e estratégias com antecedência. Ou seja, após acertar as apostas, cada equipe passa um tempo bolando seus planos. Escolhem o *revelador* titular e os reservas, caso o titular não obtenha sucesso. É importante que o revelador titular e os suplentes sejam bons observadores.

Em seguida, o time deve escalar o *escondedor* titular e o reserva. Se quiser, a equipe posterga a escolha dos reservas até o jogo começar para valer, quando as habilidades de revelar e esconder ficam óbvias. É proibido conversar após o início do jogo. Assim, para serem os próximos reveladores e escondedores, os voluntários têm de se comunicar por meio de gestos, não verbalmente.

O MC deve explicar aos times: os melhores reveladores muitas vezes jogam de olhos fechados, pois estão atuando xamanicamente. Alguns reveladores são ainda melhores quando ficam de costas para o time oposto e atuam assim. Mas outros reveladores trabalham de olhos abertos. Cada um descobre, com a experiência, o que é melhor para si, individualmente.

Os times também devem decidir como vão auxiliar no processo de ver. Na tática do "cone", o time inteiro faz contato físico para guiar e dar poder ao revelador. Na hora em que o seu time está escondendo os ossos, os jogadores são instruídos também a atrapalhar a concentração do revelador adversário. Em meio a danças, emitem gritos, uivos e guinchos de seus animais de poder, tudo para desconcentrar o revelador do time rival.

Antes da partida, os times entoam canções de poder que ajudam no despertar dos espíritos. Quando o jogo começa, os cantos com letras param. Melodias não acompanhadas de letras, no entanto, são entoadas livremente. Na realidade, o jogo do osso envolve treinar e aplicar, conscientemente, seu aspecto animal.

Prontos para o jogo, os dois times se alinham um de frente para o outro, a 1,20 metro de distância. Se for ao ar livre, o MC traça uma linha no chão. Se for em lugar fechado, trace essa linha com um cordão ou uma fileira de velas (ver Figura 12). Não vale cruzar a linha central sob hipótese alguma. Se uma dessas infrações acontece, o mestre de cerimônias, atuando como árbitro, concede um ponto ao time oponente.

FIGURA 12. O jogo do osso. (Desenho de Barbara Olsen.)

Os pontos são computados de duas formas: em lugar fechado, com penas de peru dispostas no chão; ao ar livre, com estacas enfiadas no solo. Essas estacas, pintadas ou não com as cores específicas de cada time, medem de 20 a 25 centímetros de comprimento, são pontiagudas e da espessura de um lápis. Em geral, cerca de três ou quatro pontos para cada lado são suficientes para um jogo curto. Cada time deposita seus pontos (penas de peru ou estacas) em seu lado do campo.

O objetivo do jogo é ganhar todos os pontos. Um time precisa conquistar não só os pontos do outro time, mas também seus próprios pontos, conceito um tanto diferente dos jogos europeus. Em outras palavras, se cada time começa, digamos, com três pontos, então cada time precisa ganhar primeiro os três pontos do outro time e depois os seus próprios três pontos para vencer o jogo. É responsabilidade do árbitro marcar os pontos e erguê-los por cima da linha divisória entre os dois times.

Só usamos dois ossos nesse modelo simples do jogo da mão. Os dois ossos têm de ser um pouco mais curtos do que a largura da palma da mão humana. Geralmente são ossos de asas de galinha. Na falta de ossos, são usados tarugos de 1,2 centímetro de diâmetro. Esses ossos ou tarugos devem ser tão semelhantes entre si quanto possível, exceto por uma característica: um deles ganha um laço de barbante preto em sua porção mediana. Esse laço serve para distinguir entre os dois ossos ou tarugos do par.

A prática de esconder é feita assim: o escondedor dá as costas para o time adversário, embaralha os dois ossos entre as mãos para evitar que a outra equipe saiba qual mão contém o osso com barbante. Outra tática do escondedor é mover os ossos para frente e para trás entre as mãos sob um cobertor ou pano no colo, defronte o time rival. Ainda outro método usado pelo escondedor é, de frente para o time adversário, com as mãos atrás das costas, chacoalhar os ossos para frente e para trás entre as mãos em concha.

Por fim, o escondedor estica os punhos à frente, em direção ao time adversário. Cada punho contém um osso. Isso significa que o escondedor e seu time estão prontos. Agora é a vez do outro time jogar, tentando adivinhar a localização do osso que tem o barbante a seu redor. A partir daí, nessa adaptação do jogo, a regra não permite movimentar os ossos de novo.

Quando o escondedor estica os punhos, o tumulto domina os demais componentes de seu time. Para atrapalhar os adversários, gesticulam e gritam. Por sua vez, o MC bate o tambor em ritmo constante: sinal de que a fase de revelação está começando. Quando ele cessa o tambor, é sinal de que o revelador indicou qual mão contém o osso marcado.

A equipe do revelador fica em silêncio para criar um escudo de tranquilidade em torno do revelador e transmitir poder para ele apontar corretamente. Quando o revelador indica uma das mãos do escondedor, o MC solicita que o escondedor abra a mão indicada. Se na primeira tentativa o revelador indicar corretamente a mão que esconde o osso marcado, o time do revelador ganha um dos pontos do time rival. É colocado perto da linha divisória, do lado do time que venceu a rodada. Se o revelador não tiver sucesso, seu time perde a vez, mas o time adversário não ganha ponto ainda. Em outras palavras, os pontos só mudam de lado quando a revelação for bem-sucedida. Se ela for malsucedida, o time apenas cede a vez para o adversário. Se o time acerta, continua adivinhando sem interrupção. O time que ganhar todos os pontos ganha a aposta.

O jogo tem muitas variações regionais e tribais entre os indígenas do oeste norte-americano.[13] Essa descrição é uma simplificação para iniciantes. Um jogo mais elaborado, que emprega quatro ossos, praticado entre os indígenas flathead de Montana, é descrito no Apêndice B.

OBJETOS DE PODER E CRISTAIS DE QUARTZO

Ao caminhar na floresta ou em outros lugares do agreste, fique atento para coletar objetos para seu farnel medicinal. Do ponto de vista xamânico, objetos que o atraem sem uma razão consciente clara são objetos de poder cujo aspecto espiritual se revela a você na jornada ao Mundo Inferior. De fato, colecionamos objetos de poder por muitos anos sem nos dar conta. Aquele pé de coelho de sua infância? E o seixo bizarro que você encontrou na praia, a pluma que catou nos prados da montanha? Todos são prováveis objetos de poder, com associações e memórias poderosas.

O xamã reúne esses objetos em um farnel de poder ou "medicinal". Esse pacote inclui especialmente objetos encontrados durante experiências pessoais poderosas ligadas ao trabalho xamânico. Se você tiver uma experiência visionária ou pressentir poder em determinado local, corra o olhar no entorno e tente detectar algo diferente para guardar em seu farnel.

Muitos xamãs guardam seus objetos de poder, seus apetrechos "medicinais", envoltos na peliça de um animal selvagem. Alguns os guardam em sacolinhas de tecido, alforjes de couro ou até mesmo em velhos caixotes de papelão. O xamã costuma manter seu farnel medicinal guardado. Só o desembrulha ou abre publicamente em ocasiões ritualísticas. Os objetos nele guardados são altamente pessoais e, como em outros assuntos de poder, não é bom mostrá-los nem falar muito sobre eles; isso beira a ostentação e resulta em perda de energia. Quando o xamã abre seu farnel medicinal e manuseia os objetos de poder, um processo mnemônico é desencadeado – os itens reavivam as experiências xamânicas às quais estão relacionados.

Qualquer objeto, por menor que seja, tem espaço no farnel medicinal. Como em outras coisas no xamanismo, essas decisões cabem ao xamã. O que é significativo para você? Quem deve responder essa pergunta é você, levando em conta suas próprias experiências de poder. De tempos em tempos, abra o farnel em um ambiente privado e recorde as memórias de seu conteúdo, em especial quando estiver prestes a realizar um trabalho xamânico. Se um objeto específico não mais evoca lembranças e emoções poderosas em você, retorne-o a um lugar digno na Natureza. Já não é mais necessário.

Existe uma variedade quase infinita de objetos de poder, mas um tipo em particular é encontrado com os xamãs: o cristal de quartzo. Nas Américas do Norte e do Sul, na Austrália, no sudeste da Ásia e em outros pontos do globo, os xamãs atribuem uma importância singular a esses prismas hexagonais pontiagudos, de cores transparentes ou branco-leitosas (visíveis na parede do túnel na Figura 8). Xamãs usam uma ampla variedade de tamanhos, desde poucos centímetros até os mais raros, com mais de 30 centímetros de comprimento.

Povos tão geograficamente afastados como os Shuar na América do Sul e os aborígenes da Austrália consideram o cristal de quartzo o objeto de poder mais forte de todos.[14] Povos tão distantes uns dos outros como aborígenes do leste da Austrália e falantes de yuman – do sul da Califórnia e da vizinha Baixa Califórnia – atribuem "vida" ao cristal de quartzo e o chamam de "rocha viva".[15] Há milhares de anos, os cristais de quartzo são aplicados no xamanismo. Por exemplo, na

Califórnia, foram encontrados cristais de quartzo em sítios arqueológicos e túmulos pré-históricos que datam de 8 mil anos.[16]

Objeto de poder, o cristal de quartzo é encarado como ajudante espiritual na Austrália e no Alto Amazonas.[17] Os xamãs shuar reconhecem que o cristal de quartzo se enquadra numa classe própria entre os ajudantes espirituais, não só por seu poder, mas também porque, aos olhos do xamã, sempre aparenta ser o mesmo, tanto no EXC quanto no ECC. Em outras palavras, suas naturezas material e espiritual são iguais. Os xamãs yuman do oeste fazem uma parceria especial com seus cristais de quartzo e precisam "alimentá-los"; isso nos lembra os xamãs shuar fornecendo a poção de fumo a seus ajudantes espirituais para mantê-los.[18]

Em certo sentido, cristais de quartzo consistem em "luz solidificada" envolvida com "iluminação" e *clarividência*. Por exemplo, um fenômeno não muito diferente do conceito de "terceiro olho" ocorreu entre o povo australiano dos wiradjeris. O xamã em treinamento trazia "incrustado" na testa um pedaço de quartzo para assim conseguir "enxergar as coisas diretamente".[19] Também na Austrália, em muitas ocasiões cristais de quartzo eram pressionados ou arranhados na pele desses aprendizes, ou esfregados em seus corpos, para lhes conferir poder, e o povo wiradjeri derramava "quartzo liquefeito" em seus corpos.[20] O povo wiradjeri colocava cristais de quartzo na água de beber dos aprendizes xamãs, para que "enxergassem fantasmas".[21] O xamã da tribo dos waraos, na América do Sul, fabrica chocalhos com seixos de cristais de quartzo, ajudantes espirituais na tarefa de extirpar intrusões nocivas dos pacientes.[22] Quando um xamã warao morre, sua alma se funde com os cristais de quartzo de seu chocalho e sobe ao céu em forma de raios de luz.[23] A significativa associação dos cristais de quartzo com o céu e os fenômenos celestes está ligada não só à luz, mas ao Sol. A alma de um xamã dos huichóis, povo nativo do México, deixa sua morada celestial e volta ao meio terrestre na forma de cristal de quartzo.[24] Um xamã huichol iniciante viaja ao céu para resgatar esse cristal de trás do Sol.[25]

No agreste da Austrália, o cristal de quartzo também está associado ao céu e é achado pelo xamã onde o arco-íris termina, à beira de um corpo de água.²⁶ No estado australiano de Queensland, xamãs dos povos kabi-kabi e wakka-wakka, "com muitos cristais em seu corpo", viajam aos poços de água mais profundos, onde vive o espírito do arco-íris, e recebem mais cristais de quartzo. O xamã ressurge "cheio de vida e se torna um curandeiro do mais alto patamar".²⁷

O cristal de quartzo não é poderoso simplesmente por ser uma rocha transparente. A mica tem essa característica e raramente é mencionada na literatura xamânica. Algo além da transparência está envolvido. Talvez tenha a ver com a propriedade dos cristais de quartzo de refratar a luz nas cores do arco-íris. Mas essa explicação é suficiente para sua importância ímpar como objeto envolvido na manipulação xamânica do *poder*? A resposta está numa curiosíssima coincidência. Na Física moderna, cristais de quartzo também estão envolvidos na manipulação das forças. Suas extraordinárias propriedades eletrônicas logo o tornaram um componente básico em transmissores e receptores de rádio (lembra-se dos rádios de cristal galena?). Mais tarde, células finas de cristais de quartzo tornaram-se componentes básicos para o hardware eletrônico moderno, como computadores e relógios. Até parecem coincidências, mas essas sincronicidades tornam o conhecimento acumulado do xamanismo algo empolgante e incrível.

Há muito tempo os xamãs aplicam cristais de quartzo para ver e adivinhar. Não surpreende o fato de que, às vezes, no jogo do osso, os jogadores carregam um cristal de quartzo para dar sorte.²⁸ A bola de cristal, tão familiar entre as pessoas de nossa cultura (no mínimo de ouvir falar), não passa de um elegante descendente do antigo cristal xamânico. Entre o povo yualai (euahlayi) da Austrália, os melhores xamãs praticavam a observação de cristais para "ter visões do passado, do futuro e do que acontece no presente em lugares distantes".²⁹ Tanto os yualais quanto os remotos tsimshians do litoral noroeste da América do Norte enviavam o cristal de quartzo ou o espírito do cristal para buscar a imagem de uma pessoa específica. Entre os tsimshians essa técnica era usada inclusive para efetuar curas a longa distância. O xamã enviava o cristal à noite para trazer de volta a imagem da pessoa doente. Quando a imagem chegava, o xamã dançava ao redor do cristal, brandindo seu chocalho (presumivelmente entrando no EXC). Em seguida, ordenava que o cristal, na condição de seu ajudante espiritual, extirpasse da imagem a intrusão de poder nociva. Assim, a pessoa da imagem, que estava distante, se curava.[30]

Em geral, o xamã guarda seus cristais de quartzo longe dos olhos de outras pessoas e dos raios do sol. O xamã shuar os carrega em seu bornal a tiracolo, feito de pele de macaco, junto com outros objetos de poder, além de folhas de fumo verdes e uma pequena cuia de cabaça para embeber as folhas em água gelada. O xamã aborígene australiano também leva seus cristais de quartzo em seu bornal, junto com outros objetos de poder.[31] Também os guarda no estômago,* onde os xamãs shuar muitas vezes mantêm ajudantes espirituais.[32] O xamã tsimshian leva o cristal de quartzo numa algibeira pendurada em seu pescoço.[33] Nos dias de hoje, o xamã yuman do Oeste (paipai) traz seu cristal de quartzo numa bolsinha de pele de veado ou no bolso da calça. Para o xamã, o cristal de quartzo é um conselheiro e age mais como um espírito guardião do que mero ajudante espiritual. Um xamã de etnia paipai afirmou:

> Quando o levamos no bolso, em nossos sonhos o *wii'ipay* [cristal de quartzo] nos conta tudo. Ele nos diz o que fazer, responde a nossas perguntas. E nos dá tudo. Temos que carregá-lo no bolso. Sim, se você quiser se tornar um [xamã], tem que fazer isso.[34]

Falantes de yuman do sul da Califórnia e da vizinha Baixa Califórnia, no México, usam técnicas especializadas para localizar e extrair cristais de quartzo de suas matrizes na paisagem.[35] Castaneda também se refere a técnicas especiais para essa finalidade no México.[36]

Ao começar seu próprio farnel medicinal, adquira ao menos um cristal de quartzo para colocar nele. Esses cristais são o centro

---

*   Essa fleuma mágica espessa fica no estômago e é conhecida por essa etnia como yachay. Geralmente o mestre xamã (*uwishin*) regurgita o muco contendo os *tsentsaks*, corta parte dele com um facão e dá para o xamã mais novo engolir. Dessa forma, este último adquire seus aliados diretamente de seu mestre. [N. de RT.]

do poder nos kits e farnéis medicinais de muitos xamãs. O poder dos cristais se espalha no farnel, energizando e mantendo o aspecto vivo dos objetos de poder.

A maneira mais fácil é visitar lojas de pedras e minerais até que um pequeno cristal de quartzo atraia o seu olhar. Não ponha de imediato o cristal escolhido em seu farnel junto com os demais objetos de poder. Primeiro, proceda a limpeza do cristal, pois você desconhece a história dele. Enxágue o cristal em uma nascente natural ou no oceano. Guarde-o em separado até chegar o solstício de inverno ou verão. Leve-o a um local alto e isolado, como o topo de uma montanha. Faça uma fenda na ponta de um graveto, crave a outra ponta no chão e encaixe o cristal de quartzo, apontado para cima, na fenda do graveto. Deixe-o ali por oito dias ao sol para "recarregar". Só então o coloque no farnel medicinal.

Periodicamente, entre os solstícios, remova o cristal do farnel e "desperte" o poder dele. Bata levemente a extremidade não pontiaguda numa rocha que se projeta da nascente ou do oceano.

Na região central da Califórnia, xamãs indígenas tinham cristais de quartzo muito grandes, "parentais", considerados especialmente poderosos. Entre os miwoks do litoral da Califórnia, eu mesmo tive a oportunidade de observar, anos atrás: um cristal parental foi "despertado" de modo semelhante ao que descrevi, mas golpeando o cristal com toda força contra uma rocha específica a poucos metros na costa do Oceano Pacífico.[37] No caso desse cristal de quartzo tão grande, golpear com força era um procedimento perigoso; de acordo com a tradição da tribo, o mundo acabaria se o cristal se estilhaçasse. Para os ocidentais, essa crença soa muito improvável, mas "acabar com o mundo" (algo diferente de "parar o mundo"[38] na descrição de Castaneda) é uma descrição muito precisa do que aconteceria em nível individual. O xamã corria o risco de encerrar sua passagem no mundo, o que na prática dá na mesma sob o prisma dele. Mas como assim? David Finkelstein, médico renomado, ao saber dessa crença, observou que era bem possível que o xamã tivesse morrido. Afirmou que, teoricamente, espatifar um cristal de quartzo tão grande com um golpe tão esmagador liberaria centenas de milhares de volts, energia suficiente para eletrocutar o curandeiro.[39] A ciência ocidental obviamente avançou a ponto de reconhecer o cristal de quartzo como objeto de poder, algo que os xamãs conhecem há milhares de anos.

CAPÍTULO 7
EXTRAIR INTRUSÕES NOCIVAS

O xamã utiliza o poder oferecido não só pelos animais, mas também pelas plantas desse grande jardim, a Terra. Claro que todos retiram sua força do Sol. Animais atuam como espíritos guardiões; as plantas, como ajudantes espirituais. Esses ajudantes espirituais diferem dos espíritos guardiões porque só os xamãs os possuem. Normalmente o poder das plantas está indisponível para não xamãs.

Em geral, espíritos guardiões poderosos são espécies animais selvagens e indômitas. Da mesma forma, ajudantes espirituais são maioritariamente espécies de plantas selvagens, não domesticadas. Ao que parece, animais e plantas domesticados não têm um poder espiritual significativo no xamanismo. Do ponto de vista xamânico, a domesticação dessas espécies, para alimentação e outras formas de exploração, é um sintoma de sua falta de poder.

PLANTAS AJUDANTES ESPIRITUAIS

Individualmente, plantas ajudantes espirituais têm menos força que os animais de poder, mas, se o xamã possuir centenas de ajudantes espirituais, esse poder cumulativo se iguala ao do espírito guardião, sob vários prismas. Entretanto, a importância das plantas silvestres está na diversidade de suas capacidades individuais. Essas ajudantes espirituais têm duas realidades: seus aspectos comuns e incomuns. A natureza incomum da planta tem, por exemplo, forma de inseto, borboleta gigante ou outro tipo de forma zoomórfica, até mesmo inanimada.

Em nossa "civilização" ocidental, a maioria das pessoas infelizmente não sabe (ao contrário de nossos ancestrais) identificar as plantas silvestres. Assim, para muitos de nós, acumular ajudantes espirituais exige a aquisição de conhecimentos elementares sobre as propriedades de plantas silvestres específicas. Esse é o tipo de conhecimento rotineiro entre os povos primitivos. Eis uma sugestão para você obter seu primeiro ajudante espiritual. A técnica vale para os ajudantes que vierem depois.

Faça uma caminhada numa área erma: floresta, pradaria, deserto ou qualquer outra área agreste. Nesse passeio silvestre não se esqueça de sua missão: encontrar uma planta para lhe servir de ajudante. Se uma planta exercer atração em você, sente-se ao lado dela e familiarize-se com seus detalhes. Explique que você deve levá-la na íntegra ou em parte para o seu trabalho, peça desculpas antes de colher parte dela ou arrancá-la toda. Se for um arbusto ou árvore, colete só um ramo com inflorescência, é o suficiente para a identificação botânica. Para plantas menores, é melhor o espécime inteiro na época da floração. *Leve o espécime a alguém capaz de identificá-lo e informar se é venenoso ou não*. Um agricultor ou pecuarista experiente saberá essa informação; ou leve a um museu ou herbário local e peça auxílio.

Se a espécie não for venenosa, retorne ao mesmo habitat, localize um membro vivo da mesma espécie, peça desculpas e, sem destruí-lo, coma quatro pedacinhos (por exemplo, das folhas). Embrulhe dois pedaços extras e guarde-os no farnel medicinal para uso posterior (ver explicação adiante).

Agora você está pronto para descobrir o aspecto oculto e incomum dessa planta. Na noite desse mesmo dia, auxiliado pelo som dos tambores, empreenda a jornada xamânica ao interior da terra até enxergar duas ou mais vezes essa espécie de planta. Visite as plantas como fez antes, nesse mesmo dia, no ECC. Observe as plantas até que elas se transformem em uma forma espiritual não planta. Quase todas as formas são possíveis; o mais comum é forma de inseto, serpente, pássaro ou pedra. Percebendo a mudança, devore-as em sua forma não material no EXC, assim como você as ingeriu em seu aspecto material comum no outro dia. Dessa vez, porém, absorva *toda* a entidade de cada componente do par. Em seguida retorne da jornada. Repita o procedimento para adquirir novo par de ajudantes espirituais.

Embora esse trabalho seja uma adaptação do meu treinamento shuar, o método básico também é descrito em outras partes do mundo xamânico. O seguinte relato de uma jornada ao Mundo Inferior, feito por um xamã siberiano tavgi samoieda, ilustra a maneira como as plantas revelam sua natureza oculta e se tornam disponíveis para o xamã:

> Fui andando pela praia até avistar dois picos, um de vegetação multicolorida e o outro com a terra preta desnuda. Entre as duas montanhas distingui uma ilhota forrada de lindas plantas avermelhadas em flor. Parecia um campo florido de amora-ártica. "O que será aquilo?", pensei. Não havia ninguém perto de mim, mas descobri sozinho. Quando um homem morre, o rosto dele fica azulado e muda: então o xamã não tem mais nada a fazer. Notei que as plantas avermelhadas cresciam para cima, as pretas para baixo. De repente escutei um grito:
>
> – Pegue uma pedra daqui!
>
> A cor vermelha era das pedras. Como eu já estava marcado para sobreviver, peguei uma pedra vermelha. Pensei que eram flores, mas eram pedras.[1]

Para usar ajudantes espirituais na cura, acumule no mínimo uma dúzia de plantas. O ideal é ter um ajudante de cada um dos seguintes aspectos incomuns: Aranha, Abelha, Vespa, Marimbondo, Cobra. Com ajudantes espirituais numerosos e multivariados, o xamã tem mais condições para lidar com as doenças.

O xamã utiliza ajudantes espirituais para curar pessoas que sofrem de intrusões de poder nocivas. Extrair essas intrusões é uma forma mais avançada e difícil de cura xamânica do que recuperar o animal guardião. *Recomendo que você só se dedique a essa tarefa com extrema seriedade e após dominar a jornada xamânica e o trabalho do espírito guardião, além de adquirir as plantas ajudantes.* Como salienta Eliade: "Extrair os maus espíritos do paciente exige muitas vezes que o xamã os acolha no próprio corpo. Ao fazer isso, o xamã luta e sofre mais do que o próprio paciente".[2]

REMOVER INTRUSÕES

A doença causada pela intrusão de poder se manifesta em sintomas como dores ou desconfortos localizados e febre, ligada (do ponto de vista xamânico) à energia da intrusão de poder nociva. De certa forma, o conceito de intrusão de poder não difere muito do conceito médico ocidental de infecção. Esse aspecto comum da intrusão, a infecção, deve ser tratado pela medicina material ortodoxa. Já o aspecto incomum é abordado por métodos xamânicos.

Intrusões de energia são como doenças transmissíveis: ocorrem com mais frequência em áreas urbanas onde as populações humanas são mais densas. Do ponto de vista do EXC, isso ocorre porque muitas pessoas, sem saber, têm o potencial de prejudicar as outras com erupções de seus poderes pessoais, ao ficarem com raiva ou entrarem em estados de desequilíbrio emocional. Falar que alguém "irradia hostilidade" é quase uma expressão latente da visão xamânica.

Para os xamãs, pessoas que ignoram o xamanismo correm perigo. Desconhecendo os princípios xamânicos, elas não sabem se proteger das intrusões de energias hostis com o poder do espírito guardião. E nem percebem que elas próprias, sem querer, estão prejudicando as pessoas a seu redor. Não sabem que suas energias hostis penetram nos outros. Assim, na visão dos xamãs, na maior parte do tempo, essas pessoas causam danos a seus semelhantes, mesmo sem ter consciência disso.

A remoção xamânica de intrusões de poder nocivas é um trabalho difícil, pois o xamã precisa fazer a sucção física, mental e emocional do paciente. Essa técnica é amplamente difundida nas culturas xamânicas de áreas tão distantes quanto Austrália, América do Norte e do Sul e Sibéria.

O filme *Sucking Doctor* mostra o trabalho de cura pela sucção feito pela curandeira xamã da Califórnia, a famosa Essie Parrish. Esse documentário registra a xamã extraindo poder intrusivo.[3] Céticos ocidentais, porém, afirmam que a xamã só finge sugar algo do paciente e que ela já guardava um objeto escondido na boca. Ao que parece, esses céticos não buscaram no xamanismo a resposta para o que acontece no filme.

Acontece que a xamã está ciente de duas realidades. Como entre os Shuar, a xamã está extirpando um poder intrusivo que (no EXC) tem a aparência de uma determinada criatura, um aracnídeo. Essa também é a natureza oculta de uma planta específica, e a xamã sabe disso. Ao fazer a sucção, xamãs capturam esse poder e sua essência espiritual numa porção do mesmo tipo de planta que costuma servir como seu lar material. Em outras palavras: esse órgão vegetal é um objeto de poder. Por exemplo, a xamã guarda na boca dois brotos de 1,2 centímetro de comprimento da planta que, ela sabe, é o "lar" material do perigoso poder que está sendo sugado. Num desses brotos, ela captura o poder e usa o outro para ajudar nisso. Em seguida, a xamã tira o objeto de poder (o broto vegetal) da boca e o mostra ao paciente e à plateia, uma prova convincente no ECC. Essa prova não anula a realidade incomum do que está acontecendo com a xamã no EXC.

Na técnica de sucção, nem sempre o xamã guarda ou usa partes vegetais na boca. É o caso da adaptação a seguir, porque descobri que esse uso específico de objetos de poder material mais atrapalha do que ajuda os ocidentais em seu trabalho xamânico de sucção. Por estranho que pareça, os ocidentais aceitam a intangibilidade do poder, a exemplo dos povos ditos primitivos. Em parte, talvez isso resulte dos conhecimentos dos ocidentais sobre a invisibilidade da energia elétrica e da radiação. Seja lá como for, nesse tipo de trabalho, o xamã ocidental é mais eficaz usando apenas o aspecto do EXC (o espírito) de suas plantas ajudantes espirituais.

Para efetuar o trabalho de sucção com sucesso, o xamã deve alertar e ordenar seus ajudantes espirituais para apoiá-lo a extrair as intrusões de poder do paciente. O xamã, para isso, entoa uma de suas canções de poder. Já discutimos esse tópico, e, no Capítulo 5, mostrei a letra de uma canção aplicável nesse tipo de trabalho. Eis a letra de outra canção, escrita por um xamã do povo samoieda da Sibéria, no intuito de invocar seus espíritos ao trabalho:

Venham, venham,
Espíritos da magia,
Se não vierem a mim,
Irei a vocês.
Acordem, acordem,
Espíritos da magia,
Eu vim a vocês,
Despertem do sono.[4]

O procedimento para extrair ou remover uma intrusão de poder é quase o mesmo utilizado na jornada do paciente. Esse ponto costuma acontecer muito cedo na jornada, antes de o xamã se afastar da entrada na terra e enquanto ainda está no túnel rumo ao Mundo Inferior. Se o paciente tiver uma intrusão de poder nociva, o xamã de repente enxerga insetos vorazes ou perigosos, serpentes com presas, outros répteis ou peixes com presas ou dentes visíveis. O xamã interrompe a jornada de imediato para lidar com esses poderes intrusivos. Se um desses poderes for visto no túnel, deve ser retirado imediatamente por sucção. *Mas esse trabalho só deve ser realizado por um xamã com dois ajudantes espirituais idênticos ao espírito da intrusão de poder que acabou de ver.* Se não estiver pronto para esse trabalho, o xamã retorna pelo túnel, ignora o espírito de poder intrusivo e tenta obter um espírito guardião para o doente. É um tratamento de apoio até que a intrusão possa ser extraída.

É difícil de explicar, mas, ao se deparar com uma dessas criaturas no túnel, o xamã tem certeza de que ela está devorando ou consumindo parte do corpo do paciente. Xamã e paciente experimentam uma incrível repulsa, a consciência de que esse ser ou inseto é perverso e inimigo de ambos. Até mesmo o pajé sioux Cervo Manco (em inglês, Lame Deer), com sua grande reverência por plantas e animais, mostra sua consciência mencionando que a aranha "tem um poder, também, mas é maligno"[5] (ver Figura 13).

FIGURA 13. Poderes intrusivos nocivos em forma de aranhas e uma cobra. Vistos no corpo dos pacientes por um xamã shuar no EXC. (Desenhado pelo xamã após as experiências.)

Cloutier transmite poeticamente esse ver e passar ao lado de insetos ou outras criaturas vorazes ou perigosas em meio à experiência de jornada de cura de um xamã tsimshian:

Bem distante
colmeias gigantes
ando em volta de
colmeias gigantes

Espírito Abelha
me enxerga
voa bem alto
me trespassa

Eu me esvaio em sangue
crivado de setas
estou morrendo
estou morrendo

bem distante
colmeias gigantes
ando em volta de
colmeias gigantes

Minha vó
me enxerga
o filhinho dela
ela que me faz sarar

ela que me faz crescer
e me alimenta
filhinho
interior

bem distante
colmeias gigantes
ando em volta de
colmeias gigantes[6]

Se um xamã sugador qualificado encontrar no túnel uma das criaturas da lista, e se tiver dois ajudantes espirituais do tipo que acabou de ver, deve imediatamente sustar a jornada, sair da posição deitada e se ajoelhar. No método da canoa espiritual, a pessoa que toca o tambor, ao ver o xamã se soerguendo, sabe que a viagem foi abortada. De imediato, cessa a percussão e deixa a canoa "à deriva na água". O cessar do tambor sinaliza a todos os tripulantes que devem parar de impulsionar com varas ou remos. A jornada foi interrompida.

De joelhos, o xamã começa a entoar sua canção de poder, invocando seus ajudantes espirituais para a tarefa de sucção prestes a ser realizada. Também puxa para si uma cesta ou tigela com areia ou água, recipiente que já usou muitas vezes, para cuspir o que extrair do paciente. Ao mesmo tempo que balança o chocalho sobre a pessoa combalida e canta intensamente, o xamã se concentra em chamar seus ajudantes espirituais para o apoiar na sucção (Figura 14). Membros da plateia ou tripulação, agora sentados em círculo voltados para o centro, observam o paciente e o xamã, contribuindo com esse esforço entoando a canção de poder.

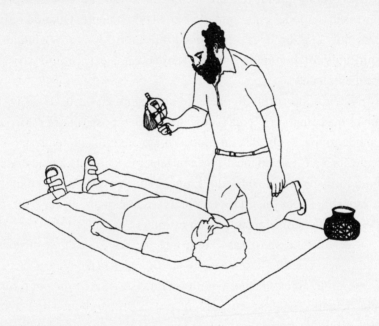

FIGURA 14. Preparativos para fazer a sucção da intrusão de poder nociva. (Desenho de Barbara Olsen.)

O xamã deve localizar os poderes intrusivos nocivos dentro do paciente. Para essa finalidade, aplica uma técnica de adivinhação. Em vez de tomar *ayahuasca* para ver o paciente por dentro, o xamã lança mão de uma técnica equivalente a usar uma varinha de condão. No EXC, de olhos fechados, estende a mão livre, para frente e para trás, sobre a cabeça e o corpo do paciente. Devagarinho, tenta descobrir alguma sensação especial de calor, energia ou vibração proveniente de pontos localizados no corpo do paciente. Com a mão alguns centímetros acima do corpo, em movimentos lentos para frente e para trás, o xamã experiente detecta uma sensação definida quando a mão passa sobre o local onde está o poder intrusivo. Outra técnica é passar uma pluma sobre o paciente e captar alguma vibração.

Ao sentir o local específico, o xamã invoca os dois ajudantes espirituais e sacode o chocalho de modo contínuo sobre o paciente. O xamã faz isso calado ou cantando junto. Ao divisar nitidamente os ajudantes se aproximando na escuridão, ainda de olhos fechados, ele lhes ordena que entrem em sua boca. Ali vão capturar e absorver a intrusão de poder enquanto ele a suga do paciente. Quando enfim vê os dois em sua boca, ele ordena que todos os outros ajudantes espirituais colaborem na sucção. Agora o xamã está pronto para iniciar a extração.

Na parte do corpo do paciente onde sentiu a intrusão nociva, o xamã suga com toda a força (ver Figura 15a). É possível fazer isso por cima da roupa. A eficácia do processo, no entanto, aumenta se o paciente abrir a roupa no local e o xamã sugar fisicamente a pele onde o poder intrusivo está localizado. É um ato que envolve não só o corpo do xamã, mas suas faculdades mentais e emocionais, as quais no EXC estão intensamente despertas e comprometidas com a tarefa.

Nesse processo, o xamã tem que ter *muito cuidado!* Precisa *evitar* que a criatura voraz que ele viu *ultrapasse* a boca e a garganta, chegando ao estômago. Do ponto de vista emocional, a criatura é por demais repelente. Por isso, há pouca probabilidade de o xamã a engolir. Se por acaso isso acontecer, ele deve procurar ajuda imediata de outro xamã sugador para extraí-la. (Por essas e outras é desejável que xamãs trabalhem em duplas.)

O xamã suga repetidamente e "vomita a seco" quantas vezes forem necessárias. Após cada sugada, *em vez de engolir* o poder sugado, *é importante o expelir* no recipiente no piso ou no chão (ver Figura 15b). Isso é feito com regurgitação poderosa, às vezes involuntária e violenta, que dá ao xamã uma verdadeira sensação de limpeza, a sensação de se esvaziar do poder emocionalmente repugnante que ele extraiu. À medida que extirpa a intrusão de poder do paciente, o xamã se sente engolfado por ondas do poder extraído que o atordoam e fazem seu corpo tremer. Cada vez que regurgita, ele se concentra de novo, entoando sua canção de poder e focando novamente na invocação de seus ajudantes espirituais, até estar forte o suficiente para repetir o processo. Mantém esses ciclos de sucção até, por fim, passar a mão acima do paciente, para frente e para trás, e não sentir mais qualquer emanação localizada de calor, energia ou vibração.

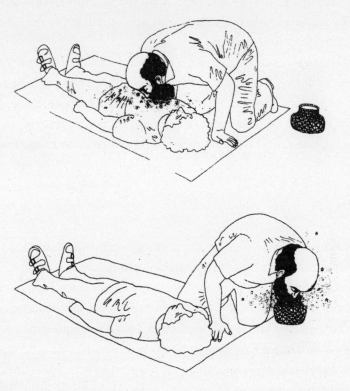

FIGURA 15. (a) Fazer a sucção da intrusão energética. (b) Expelir a intrusão de energia. (Desenho de Barbara Olsen.)

Em seguida, procede a sucção adicional em locais onde já trabalhou, ou onde sente alguma impureza residual do poder intrusivo, sempre vomitando a seco no recipiente. Quando não sente mais pontos adicionais de contaminação ou impureza, o xamã cessa o processo de sucção. Entoa a canção de poder mais um tempo, a fim de manter o poder protetor de seu animal e de seus ajudantes espirituais ao seu redor.

Por fim, convencido de que o paciente está espiritualmente limpo, sacode o chocalho ao redor do corpo dele, quatro vezes, de forma circular. Isso define a área limpa e demarca seus limites ao mundo espiritual. O paciente continua deitado ou assume a posição sentada.

Atenção: a essa altura, o xamã pega o recipiente com o poder intrusivo expelido e o leva em segurança para fora da casa, longe do paciente e do grupo. Só então descarta o conteúdo. Traz de volta a vasilha para enchê-la mais tarde com areia ou água limpa para uso posterior quando necessário.

Das duas, uma: o xamã logo reinicia a jornada ou espera. Isso vai depender do senso de poder do xamã e de sua opinião sobre o que é melhor fazer. O ideal é que a jornada recomece logo para que o paciente consiga receber o animal de poder, recarregar suas energias e, assim, resistir a quaisquer intrusões nocivas adicionais.

EXEMPLOS

Como sugeri, só deve realizar esse tipo de xamanismo (sucção) quem estiver totalmente preparado, conforme estabelecido acima. Mas, no caso a seguir, um xamã iniciante com conhecimentos básicos sobre o método de sucção acabou dominando o processo e descobrindo o que fazer no desenrolar da experiência. Isso não surpreende porque, tão logo entende os fundamentos do poder xamânico e da cura, o aluno hábil atua logicamente com base nesses princípios e resolve novos problemas de forma criativa. A descrição dele ilustra como o xamã migra casualmente entre o EXC e o ECC a fim de realizar a cura. O aluno empreendeu a jornada com o intuito único de recuperar o animal de poder da amiga, "jovem vienense que brigou com os pais e estava sofrendo muito naquele dia". Destreinado e despreparado para sugar criaturas intrusivas, ele fez espontaneamente um trabalho criativo de remover as "impurezas" mencionadas.

Como de hábito, enveredei túnel adentro. Mas, ao dobrar à esquerda, tudo ficou preto de repente e diferente das outras vezes. Puro breu. À minha direita, antes da escuridão, serpentes entrelaçadas, como as que mataram Laocoonte, formavam uma massa repugnante com aracnídeos de pernas pretas, azuis e vermelhas. Tentei entrar na escuridão à esquerda – mas não deu certo. Resolvi estudar aquele emaranhado e ver como passar por ali. A maçaroca viva tinha uns 2 metros a mais do que eu. Não saía da frente. Após um tempo, resolvi escalar aquilo – tarefa nojenta, acredite! Avistei ao alto um cilindro parecido com uma chaminé com degraus internos, então continuei subindo. No começo o cilindro era vertical e escuro, mas foi se tornando mais claro à medida que eu subia. Após subir por um tempo, ainda não vislumbrei o fim, então me soltei dos degraus e voei tubo acima. Uma luz brilhava no topo do cilindro altíssimo. Saí numa paisagem ensolarada e me vi no alto de um telhado plano.

Escrutinei o telhado. Uma estrutura triangular servia de entrada a uma escadaria, com a porta de um lado e a cobertura inclinada. Escalei a inclinação e dei uma espiada no interior. Quando me curvei, um urso me agarrou e me arrastou para dentro. E lá fomos nós. O urso me levou embaixo do braço sempre em frente. Após um momento de apreensão, decidi me libertar de suas garras. E consegui. Sem se dar conta, ele seguiu seu caminho. Eu estava numa caverna comprida, brilhante e oval. Mais tarde, percebi: era o interior do meu próprio torso. À minha esquerda [o lado em que a paciente dele estava deitada na realidade comum] notei rachaduras na parede sólida da caverna. Um lodo preto escorria pelas rachaduras. Removi umas pedras, e o lodo escuro jorrou. Abri uma fresta grande o suficiente para cruzar. Entrei.

Caverna semelhante à primeira, mas cheia até os joelhos (em alguns lugares mais fundo) com aquele lodaçal preto. Na ponta inferior, a lama e as rochas escuras acumuladas bloqueavam quase por completo uma abertura. O lodo batia em meus joelhos. A luz se infiltrava pela abertura, como um sol quente, quase inteiramente escondido por essas obstruções. Primeiro, fiquei sem saber o que fazer. Daí me ajoelhei [na realidade comum] e, sem encostar as mãos no corpo da paciente, comecei a examiná-lo pelo exterior. No começo não tive uma sensação clara. Parecia coberto de teias de aranha. Com os dedos limpei aquilo e então senti um nítido foco de energia – ora quente, ora frio – acima da região do estômago/ovários/bexiga. Fiz a sucção do máximo que pude e vomitei na bacia. Foi muito repulsivo. Enxaguei a boca e me livrei de todo e qualquer vestígio daquela substância. Deitei-me de novo ao lado da paciente e voltei à caverna. Agora o lodaçal escuro estava com nível bem mais baixo e um pouco mais seco. Eu me ergui e corri o olhar em volta. Por um tempo não sabia o que fazer.

Súbito me veio uma inspiração. Tirei meu pulôver e ateei fogo nele. Com essa tocha, incendiei o lodo que preenchia toda a caverna. Aquela substância ardeu por um tempo até se transformar em um tipo de carvão com cinzas negras. Perdeu a viscosidade. Não sei como sobrevivi enquanto tudo queimava, mas isso não me pareceu ser um problema. Quando o fogo se apagou, examinei a caverna e encontrei – ao alto – um túnel horizontal, grande o suficiente para um adulto rastejar com relativo conforto. Por ali me enfurnei. Cinco ou seis metros adiante, o túnel desceu abruptamente por um ou dois metros e depois se curvou de novo em direção à caverna. A passagem foi se alargando suavemente e em dois metros chegou ao fim. Comecei a escavar o chão no final do túnel. Logo encontrei água. Alarguei a passagem e rapidinho escapuli do túnel, antes que a água, cada vez mais forte, me levasse embora.

Com ímpeto a água jorrou caverna adentro, lavando os destroços deixados pelo fogo rumo à extremidade inferior da caverna, onde, lá no fundo, uma luz bruxuleava tenuemente no pequeno vão. Fui lá conferir. A pressão da água aumentava atrás das rochas que obstruíam a abertura. Dei uns chutes na barricada de pedras. A fresta se abriu um pouco e finalmente deu vazão à torrente. Senti o calor e o brilho do sol lá fora. A água suja foi drenada pelo buraco e se perdeu de vista. A luz e o ar inundaram a caverna por aquela extremidade. Deixou de ser tão escura. Notei que meu trabalho de limpeza tinha sido bom. Agora, à exceção de pequenos trechos, as cores claras nas paredes e no chão da caverna se tornaram visíveis. Um riacho corria pelo centro da caverna até a ponta de baixo, onde sumia e se perdia sob o sol que cintilava lá fora. (Um sol imenso!

E bem próximo também!) Andorinhas davam rasantes em meio ao ar fresco que soprava daquelas bandas. Uma revoada invadiu a caverna, trazendo vida ao local. Trouxe uma delas comigo ao voltar da caverna e a dei [como animal de poder] à paciente.

Em pontos cruciais de minha jornada, a paciente ofegou, esbaforida, como se sentisse o que estava acontecendo. Mais tarde, ela explicou que sentiu um alívio gradual na região do ventre. Quando contei a ela o que eu tinha encontrado, ela confirmou que sofria de problemas no sistema digestório e nos ovários. Numa carta, seis semanas depois, ela relatou melhoras. Sumiu a sensação de estar enleada. Conflitos concretos vieram à tona. Espero vê-la em breve de novo. Quem sabe agora consigamos estabelecer um vínculo com a parte superior do corpo dela.

O relato é esse. Talvez você consiga usá-lo de alguma forma. Achei tudo interessantíssimo, já que muitas vezes eu não sabia o que fazer, mas mesmo assim acabei fazendo coisas que ninguém nunca me contou.

Na década de 1960, uma das xamãs indígenas norte-americanas mais famosas a usar o método de sucção foi Essie Parrish, falecida em 1979. Ela não só enxergava intrusões de poder, como também as ouvia. Declarou que em transe "você escuta algo no paciente deitado ali. Escuta a doença fazendo barulho. A doença no corpo das pessoas é uma coisa parecida com a loucura, ela [a doença] vive, muitas vezes faz barulho, como insetos... e mora ali como insetos".[7]

Pacientes, tanto indígenas quanto não indígenas, viajavam longas distâncias para serem curados por Essie Parrish. Por sua vez, ela costumava ir a Nevada e Oregon para atender os doentes. Numa visão descobriu que deveria revelar seus métodos xamânicos a pessoas indígenas e não indígenas, para que todos se beneficiassem desses conhecimentos. Após ter essa visão, ela decidiu colaborar com a realização do citado documentário *Sucking Doctor*. Especialista em extrair intrusões de energia, Parrish também concordou em explicar seu trabalho aos espectadores após as sessões de cura. O seguinte relato, registrado por Robert L. Oswalt, é uma valiosa explicação suplementar sobre o método de sucção para extirpar as intrusões de energia.

CURA PELA SUCÇÃO: RELATO DE UMA XAMÃ

Depoimento de Essie Parrish

Como fazer o tratamento das pessoas? Já que vocês querem saber essas coisas sobre mim, vou contar. Sou curandeira e vou continuar sendo enquanto viver nesta terra – essa é a razão de minha existência. Fui colocada na Terra para curar as pessoas.

Quando eu era jovem, eu não sabia disso. Isso não me impedia de estar sempre sonhando coisas (tendo visões). Sonhar para mim era isso.* Eu achava que todo mundo era assim; achava que todas as crianças eram assim. Eu costumava falar sobre essas coisas, que eu conhecia e via.

Fiz minha *primeira* cura com mais de doze anos. Naquela época, médicos brancos eram difíceis de encontrar; morávamos longe de doutores [homens brancos]. Uma vez a minha irmã caçula adoeceu. Ficou bem doentinha, cheia de feridas na boca. Todo mundo pensou que ela ia morrer. Meu tio-avô, que a criou, fez planos sem eu saber. Eu estava brincando lá fora quando me chamaram para entrar em casa. Eu me lembro como se fosse ontem: eram quatro horas da tarde.

Fui chamada para entrar em casa, e ele me indagou:

– Não quer fazer algo por sua irmãzinha? Você tem corpo de profeta, sabe?** Com esse corpo de profeta talvez consiga curá-la. Quer fazer alguma coisa?

---

*   Como Spott e Kroeber apontaram em relação ao xamanismo entre os yuroks do norte da Califórnia, muitas vezes é difícil distinguir nos relatos nativos as experiências de sonho ou transe (Spott e Kroeber, 1942, p. 155). Muitas vezes, os xamãs e outros visionários primitivos tendem a agrupar esses dois estados de consciência em oposição à consciência comum, de vigília.

**   A sra. Parrish, além de xamã, era profetisa.

"Fico imaginando o que devo fazer agora", pensei comigo mesma. Eu era pequena e não tinha ideia. Mas respondi:

– Tudo bem.

Essas palavras me brotaram como se o meu poder dissesse:

– Se lhe pedirem algo, nunca diga "não". Seu propósito não é esse. Você é quem conserta as pessoas. Quem cura as pessoas.

Por isso respondi:

– Tudo bem.

Concordei e fiz uma prece aos céus. Repousei a mão direita na cabeça dela. Ao fazer isso, uma canção desconhecida aflorou dentro de mim. Atônita entoei aquela melodia. Mas não cantei em voz alta; foi tudo algo interno. "Fico imaginando como vou curá-la", pensei comigo. Para minha surpresa, dias depois, ela ficou boa. Foi a primeira pessoa que curei...

Do nada outra pessoa adoeceu. Dizem que estava prestes a morrer daquilo que os brancos chamam de "pneumonia dupla". Em seu leito o paciente se agarrava a um fio de esperança. Era muito distante do médico [branco] mais próximo. Sua irmã mais velha me procurou e disse:

– Peço um grande favor. Faça uma visita a ele. Vá visitá-lo! Sei que ele está morrendo, mas quero que você dê uma olhada nele.

Quando cheguei lá, encostei nele com a mão, aqui e ali. E fiz o processo de sucção. Fantasticamente isso o curou. A cada cura que eu pratico, vou ficando melhor. Vou aprendendo como os brancos aprendem. Toda vez que eu trato as pessoas, eu me aprimoro (em termos de habilidade).

Muito tempo depois (uns doze ou treze anos) eu me aprimorei ainda mais. Então percebi que eu tinha algo na garganta que me permitia sugar as dores. Sem falar no poder de minha mão! Descobri o poder da minha mão. Está sempre perto de mim, mas ninguém mais enxerga esse poder: só eu posso vê-lo.

Ao me sentar ao lado de uma pessoa, invoco o Pai-Nosso.*

---

* Por um tempo, a sra. Parrish foi a líder local da Igreja de Jesus Cristo dos Santos dos Últimos Dias. Como mestra xamã, ela integrou conceitos cristãos a seu xamanismo.

Esse é o meu poder – o poder que chamo de Pai Nosso. Então o meu poder vem e baixa em mim. E quando me deparo com o doente ali deitado, eu vejo (o poder). Isso parece inacreditável. Mas eu mesma sei, porque está em mim. Sei o que vejo. Meu poder é assim. Duvide se quiser, não acredite. Mas é o meu trabalho.

Bem ali, *no âmago* da pessoa doente em seu leito, tem algo. É como ver através – se você coloca um tecido sobre algo, enxerga através dele. É assim que eu vejo por dentro. Vejo o que acontece lá e sinto com minha mão – meu dedo médio é o que tem o poder.

Trabalhando com o poder da mão, eu sinto o mesmo que o pescador quando lança o anzol e o peixe morde a isca! A sensação é bem essa. A pessoa tem uma dor interna que puxa a minha mão – impossível não perceber. Ela me deixa tocar. Eu mesma não coloco a mão; parece que alguém – a doença – a puxa com uma linha. Lembra também o que homens brancos chamam de "ímã". A doença na pessoa é como um ímã.

E então se tocam. Quando o poder toca a dor, você tranca a respiração – é tão intenso que você nem consegue respirar. Mas não sinto medo. O peito fica paralisado – e a respiração se interrompe. Não respire enquanto capta essa dor: assim a doença não se esconde. Deixe a dor acalmar sua respiração, sinta a dor ali, até sua mão extirpá-la. Se eu não sustasse a respiração, eu não conseguiria remover a dor.

Quando eu a retiro você não a vê a olho nu, mas eu a vejo. Sempre que eu a descarto, eu vejo qual é a doença. Se a doença acomete uma pessoa, brancos explicam isso de modo bem diferente. Nós também, indígenas xamãs, explicamos de modos bem diferentes. Essa doença que desce na pessoa é suja; suponho que é isso que os brancos chamam de "germes", mas nós, xamãs curandeiras, chamamos de "sujeira".

Vou contar um pouco mais sobre o poder de minha mão. O poder está na palma e no dedo médio. Isso não funciona sempre, só quando eu o invoco (o poder).

Quando um doente em algum lugar precisa ser descoberto, o poder de minha mão descobre. Sempre que alguém pensa nisso de algum lugar, e projeta seus pensamentos em mim, eu sinto ali, bem na ponta do dedo médio, a dor de levar um tiro – algo que os brancos chamam de "choque". Se você encosta na tomada, leva um choque; é isso que acontece com o dedo "pai de todos". Quando esse pensamento flui de algum lugar, então o poder descobre e dá seu aviso. Daí eu sei que alguém precisa de mim. E sempre acaba sendo verdade. Esse é o poder de minha mão.

E não é só isso (meus poderes médicos). Tenho um poder de cura na garganta. Esse poder está aqui, em algum lugar de minha garganta. Quando esse poder médico surgiu em mim pela primeira vez, algo já crescia ali por uns quatro anos. Me afetou como se fosse difteria. Desde o começo, quase morri de constrição (na garganta). Mas o tempo todo eu sabia que se tornaria isso (poder).

Mas as pessoas que moravam comigo não sabiam; nunca lhes contei sobre isso. Meu poder me contou:

– Isso acontece porque entrei em você por ali.

Quando o inchaço se materializou, um médico branco veio me ver. O médico branco não distinguiu o que estava acontecendo; diagnosticou difteria. Mas eu sabia o que era. Quando a coisa terminou de crescer por lá, eu me recuperei.

Parecia uma língua deitada ali. Ela se moveu pela primeira vez quando cantei. Fiquei assim uns quatro anos com essa coisa ali deitada. Depois que ela cresceu em mim, minha voz melhorou. Ela me contou a finalidade daquela protuberância:

– O poder está crescendo.

Sem isso eu não conseguiria sugar nenhuma doença. Só quando ela se desenvolveu fui capaz de sugar as dores.

Depois ela me deu esse cajado com desenhos e falou:

– Seu poder é este. Estes desenhos são símbolos. São palavras de doença. Siga estas regras: "não trate mulheres menstruadas; não faça curas numa casa em que alguém estiver menstruando". O poder (nessas situações) não será seu amigo; o poder não vai crescer para você.

Descobri que isso era verdade.

A primeira vez que mediquei com a minha garganta, a paciente era uma moça. Quando eu a tratei e suguei a doença, uma espécie de bolha saiu de minha garganta. Como se eu tivesse enchido um grande balão. Algo assim saiu da minha boca. Todo mundo lá viu. Bem inflado saiu flutuando da minha boca. Todo mundo viu. Parecia uma bolha de sabão no início.

Desde então adquiri o poder de sugar doenças. A doença extraída pela sucção também funciona como ímã interno (como quando aplico o poder da mão). Aqui no lugar onde falei que o poder entrou na minha garganta, a doença age tão rápido quanto a eletricidade – ela age como [um] relâmpago, como ímã. E corta a respiração. Ao fazer isso, ao cortar a respiração, vem como um ímã extremamente devagar.

Mas ninguém percebe quanto tempo o poder prende a respiração. Os brancos chamam isso de "transe". Enquanto a doença vem para mim, permaneço em transe. O poder sempre fala comigo e revela:

– A coisa é assim. A doença é desse tipo e daquela causa.

Essa doença flui e se gruda em algum lugar de minha boca. Os dentes (do xamã) têm poder; há uma conexão com os nossos dentes. Ali está o poder, em um dos dentes. É no dente que a doença gruda. Noutras vezes, ela voa por baixo da língua. Se gruda ali, é dificílimo de soltar – como eu disse, é como um ímã. Então ela morre ali mesmo.

E eu cuspo a doença morta. Então a deixo cair na minha mão e mostro ao pessoal. O povo sempre enxerga a doença que eu extirpo. Mas não deve ser tocada por mais ninguém – é contagiosa. Se alguém tocar nela se contamina. Sempre que está na minha mão, gruda-se nela como ímã. Não cai – mesmo se eu sacudir a mão. Mesmo se você quiser soltá-la, não vai conseguir.

Coloque-a num pedaço de papel ou numa cesta. Se fizer isso, cante com esse fim, é preciso invocar esse propósito. Algumas doenças demoram um tempo – vários minutos –, mas outras são rápidas. Doenças rápidas somem logo após serem eliminadas.

Tem muito mais coisa (a contar sobre as curas). Em todos esses anos que eu trato as pessoas, já vi tudo que é tipo de doença.[8]

ARMADILHAS DE FUMO

Como vimos, a sucção de intrusões de poder nocivas é uma técnica xamânica avançada que exige uma considerável preparação. Uma técnica bem mais simples envolve o que eu chamo de "armadilhas de fumo", adaptação de um método que aprendi com um curandeiro lakota sioux, em Dakota do Sul. O método se baseia no princípio de que os espíritos intrusos apreciam o fumo e são atraídos por ele. Isso é consistente com a visão dos Shuar, na qual o xamã mantém os *tsentsaks*, os espíritos responsáveis pelas intrusões de poder, nutridos com a poção de fumo. O método sioux envolve o uso de laços de fumo, saquinhos de tecido com um pouco de fumo.

Na armadilha de fumo, os laços são usados como isca para atrair e capturar espíritos intrusivos que estão dentro do corpo da pessoa doente. Uma das maneiras é fazer um círculo de laços de fumo ao redor do paciente, enquanto ele estiver deitado no solo ou no chão. Assim, quando o xamã estiver trabalhando para remover intrusões de poder nocivas do paciente, ele também conta com a ajuda dos laços de fumo para atrair os espíritos. Quando termina o trabalho de extração, o xamã enrola cuidadosamente os laços de fumo num feixe e os leva imediatamente a um local remoto. Lá o feixe é desenrolado e os laços de fumo são pendurados nos ramos de uma jovem árvore, como se fossem os enfeites de uma árvore de Natal. Isso permite que os espíritos se dispersem para longe dos humanos a quem possam prejudicar.

Às vezes, aplico uma adaptação: os laços de fumo limpam um grupo inteiro de pessoas sentadas em círculo. Nessa abordagem, a ponta do cordel é segurada numa extremidade do círculo pela pessoa à esquerda do xamã. Em seguida o xamã desenrola o cordel ao redor do círculo no sentido horário, deixando folga adequada para cada pessoa amarrar um laço de fumo. Então, um grande pano vermelho é passado ao redor do círculo na mesma direção. Cada pessoa corta um quadradinho com a tesoura e passa adiante pano e tesoura. A seguir um pacote de fumo comum vai passando, e cada pessoa coloca uma pitada de fumo (em geral, da marca Bull Durham) em seu quadradinho de tecido, dobrando os lados para fazer uma trouxinha. Cada participante então se concentra, pega sua mais grave dor individual e a projeta em sua trouxinha de fumo. Cada pessoa amarra sua trouxinha de fumo no cordel. Quando todo mundo no círculo tiver feito isso, o xamã se levanta e contorna o grupo pelo lado externo do círculo, sacudindo o chocalho. Cada indivíduo segura o seu laço de fumo à sua frente. Esse balanço do chocalho ajuda a pegar as dores, mágoas, doenças e infelicidades que cada indivíduo projetou no laço de fumo e expulsá-las. O xamã circunda o grupo, brandindo o chocalho, até sentir que começa a entrar no EXC.

Então o xamã volta a seu lugar, repousa o chocalho e realiza a parte mais difícil do trabalho. Para isso, deve ter certeza de que está *repleto de poder*, para que nenhum dos espíritos dolorosos e causadores de doenças que foram projetados nos laços de fumo *consiga penetrá-lo*.

Entoando sua canção de poder, agarra uma ponta do cordel de fumo e devagar se encaminha ao centro do círculo. Sem parar o canto, coloca essa ponta cuidadosamente no chão. Devagarinho, então, com muita cautela, começa a puxar o cordel das mãos das pessoas no círculo, dispondo-o no chão, no interior do círculo, no sentido horário, numa espiral cada vez maior. No processo, ondas de desespero, infelicidade e dor vão engolfando o xamã enquanto ele forma esse redemoinho de laços de fumo interligados. Sente as dores extirpadas dos participantes do círculo. Essa experiência emocional é quase esmagadora. Quando enfim a última ponta do cordel de fumo está no chão, o xamã continua entoando sua canção de poder para se proteger. Em seguida, de joelhos, vagarosa e calculadamente, transforma a espiral numa bola, começando pela extremidade externa. Ao fazer isso capta o fluxo intenso das dores, mágoas e infelicidades dos membros do círculo.

Ao concluir, o xamã pega a bola do chão e, com os braços esticados, a conduz às pressas para longe do círculo, um local a 400 metros de distância no mínimo. Lá desenrola a bola e pendura os laços numa árvore. Fecha os olhos, empurra o poder que circunda a árvore para longe de si e se retira imediatamente. De longe, os demais acompanham os passos do xamã. Em seguida, todos retornam a seu local original, sentam-se de mãos dadas num círculo e entoam a canção de poder.

COLOCAR-SE NA PELE DO PACIENTE

Outra técnica de cura xamânica semelhante envolve "colocar-se na pele do paciente". Aprendi esse método com um xamã da tribo indígena dos salish litorâneos, no estado de Washington, anos atrás. O xamã, a exemplo de outros métodos para extrair intrusões de espíritos nocivas, só deve praticar esse método quando estiver com *plenos poderes*, pois nessa técnica ele *recolhe para dentro de si* os poderes que estão prejudicando o paciente. O manto invisível de poder que cerca o xamã salish litorâneo impede a intrusão dos espíritos nele.[9]

A abordagem é feita assim: primeiro, o xamã conversa com o paciente sobre a natureza da dor ou doença. Descobre tudo que estiver a seu alcance sobre as sensações provocadas pela doença ou pela dor, criando um sentimento de como é estar nessa condição. Investiga desde quando o problema acomete o paciente e as circunstâncias da época. Segue a anamnese até entender o paciente, suas perspectivas sobre a vida, atribulações e esperanças. Em outras palavras, o xamã faz de tudo para se colocar na pele do paciente. Esse trabalho contrasta com a psicanálise porque dura poucos dias, conforme as habilidades do xamã e sua afinidade com o paciente.

Quando se convence de que formou uma identificação emocional com o paciente, o xamã está pronto para empreender a fase crucial do trabalho de cura.

Nesse ponto, xamã e paciente vão a um local deserto, sem habitações humanas. Com o chocalho e o canto de poder, o xamã desperta seu espírito guardião para ajudá-lo. Nessa fase o paciente só fica sentado calmamente ao lado do xamã.

Quando o xamã sente que está com poder máximo, os dois, devagarinho, tiram a roupa. Em seguida, um começa a vestir as roupas do outro. À medida que veste cada peça de roupa do paciente, o xamã se concentra em absorver mágoas e aflições da pessoa tratada e em incorporar a personalidade dela. Ao vestir a última peça de roupa, o xamã já se sente na pele do paciente.

Ato contínuo, xamã e paciente começam a dançar no ritmo do chocalho. O xamã imita cada movimento e gesto do outro para se tornar o paciente. Ao sentir que sua consciência está se alterando, o xamã segura o corpo do paciente com as mãos até absorver todas as aflições dele – tudo o que for necessário e que o xamã consiga levar com segurança. Se o trabalho for bem-feito, o xamã sente ondas de doença e dor fluindo por ele.

Nesse instante, o xamã dispara e corre centenas de metros rumo ao descampado, interrompe a disparada e estende os braços à frente. Concentra todas as suas forças em "jogar fora" esse doloroso poder intrusivo que causava danos ao paciente e agora se impregnou nele. Com enérgicos movimentos de braços e quaisquer sons que emergirem, o xamã lança, com toda a sua força, o poder deletério ao céu distante, rumo ao horizonte.

Esse despacho leva diversos minutos ou mais. Ao sentir que removeu do corpo a aflição e a personalidade do paciente, o xamã sabe que terminou. O xamã se sente limpo e relaxado.

Agora retorna e aproxima-se do paciente, e ambos trocam de roupa de novo. O xamã conclui o trabalho entoando uma canção de poder. Para completar a limpeza, senta-se com o paciente defronte uma fogueira cuja fumaça contém sálvia-silvestre ou ramos de cedro.

Essa técnica, modificada especialmente para fins de demonstração, é usada em grupos nas oficinas. Primeiro, o grupo vai até uma área deserta inabitada por humanos. Um voluntário senta-se no centro do círculo de participantes, onde é entrevistado por um breve período por todo o grupo. Cada membro faz uma pergunta ao paciente: como experimenta a sua dor ou a doença?; quais foram as condições do início da doença?; quais suas preferências e aversões?; ou qualquer outra coisa que os auxilie a se sentir como o paciente. À exceção do xamã, nesse exercício, os participantes não absorvem individualmente grande parte do poder que causa danos ao paciente. Mas o procedimento permite, sim, que cada um absorva pequeninas parcelas desse poder intrusivo nocivo, sem se arriscarem muito. Importante! Os que não se sentirem plenamente empoderados devem participar apenas como espectadores. O líder do grupo precisa deixar isso bem claro.

Então o paciente é convidado a dançar a seu bel-prazer. O grupo agita chocalhos e toca o tambor, ajustando seus ritmos à dança. Voluntários são convidados a dançar ao lado do paciente e a imitar, nos mínimos detalhes, a dança do paciente. Cada movimento do paciente deve ser imitado.

Quando cada dançarino chega ao ponto em que sente emocionalmente que deve, em algum grau, colocar-se na pele do paciente, encosta nele por um tempo rápido, o bastante para extrair dele um pouquinho do poder intrusivo. Então o participante que fez isso foge, corre várias centenas de metros e, de frente para o agreste, lança esse poder para longe dele, conforme descrito antes.

Quando todos os dançarinos tiverem feito isso e se sentirem purificados, eles voltam e abraçam o paciente. A seguir, de mãos dadas, formam uma roda. O paciente se incorpora à roda, e o grupo entoa uma canção de poder (o animal de poder do paciente será restaurado em jornada posterior).

É interessante notar que essa técnica tem semelhanças com a psicanálise, incluindo o princípio da contratransferência. Isso ilustra como as técnicas xamânicas, muitas vezes, prenunciam aspectos dos métodos de cura só recentemente desenvolvidos no Ocidente. O método salish litorâneo para "colocar-se na pele do paciente" também tem um análogo entre os bosquímanos !Kung do sul da África, cujos xamãs:

> [...] esvoaçam as mãos trêmulas nos flancos da pessoa ou onde a doença estiver localizada. De leve tocam a pessoa ou só vibram as mãos junto à superfície da pele. Às vezes, o curandeiro abraça o corpo do paciente e nele esfrega seu suor – conhecido por suas propriedades curativas – na pessoa doente. A doença é atraída ao curandeiro. Em seguida, o curandeiro expulsa a doença de seu

próprio corpo, sacudindo as mãos para a expelir ao espaço, com tremores de dor pelo corpo.¹⁰

Na cura !Kung,* o xamã "extirpa a doença em meio a gritos e uivos sinistros e devastadores que revelam a dor e a dificuldade de sua cura". O trabalho dura várias horas.¹¹

---

* Os xamãs dançam por horas até entrarem em !kia (transe) e começam a sangrar pelo nariz. Nesse momento, eles apanham o sangue e o misturam com o suor das axilas, para criar uma medicina cheia de n/om (poder) e besuntar o corpo dos enfermos da tribo, ou deitar-se sobre eles para fazer a transferência desse poder curativo. Então, a doença é expelida do doente, sendo sugada pelo corpo do xamã, que a queima com a ebulição frenética que habita o seu corpo no momento do transe. [N. de RT.]

POSFÁCIO

Certa vez, Albert Schweitzer observou: "O pajé curandeiro é bem-sucedido pela mesma razão que todos nós [médicos] somos bem-sucedidos. Cada paciente traz seu próprio médico dentro de si. Eles nos procuram sem conhecer essa verdade. Fazemos o nosso melhor quando damos ao médico que reside dentro de cada paciente a chance de trabalhar".[1]

Entre os praticantes das artes de cura, talvez o xamã esteja excepcionalmente qualificado para dar ao nosso médico interior "a chance de trabalhar". Talvez a falta de tecnologia médica moderna tenha obrigado os povos primitivos a desenvolver seus latentes poderes xamânicos para a cura. Hoje, porém, cresce o reconhecimento de que, às vezes, a saúde e a cura "físicas" exigem mais do que tratamento tecnológico. Há uma consciência nova: as saúdes "física" e "mental" estão intimamente interligadas. Fatores emocionais desempenham um papel importante no aparecimento, progresso e cura da doença. Praticantes de ioga e de biofeedback manipulam processos corporais básicos que a medicina ocidental outrora considerava incontroláveis pela mente. Esse recente acúmulo de experimentos é a mera ponta do iceberg se levarmos em conta o moderno reconhecimento sobre a relevância das práticas espirituais e mentais para a saúde. Novas e empolgantes evidências médicas favorecem a abordagem xamânica da saúde e da cura: a mente é capaz de ativar o sistema imunológico do corpo por meio do hipotálamo! É possível que a ciência descubra que a mente inconsciente do paciente xamânico, sob a influência de condução sônica, está sendo "programada" pelo ritual a fim de ativar o sistema imunológico do corpo contra doenças.

O campo florescente da medicina holística mostra uma vasta gama de experimentos envolvendo a reinvenção de várias técnicas há muito praticadas no xamanismo: visualização, estado alterado de consciência, aspectos da psicanálise, hipnoterapia, meditação, atitude positiva e redução do estresse. Para obter a cura e manter a boa saúde, a pessoa tem de expressar essa vontade com a mente e as emoções. Em certo sentido, o xamanismo está sendo reinventado no Ocidente justamente porque é necessário.

A crescente percepção sobre as inadequações do tratamento puramente tecnológico das doenças está atrelada à insatisfação com a impessoalidade da medicina comercial e institucional moderna. No mundo primitivo, muitas vezes, os xamãs são membros da mesma e grande família que o paciente. Existe um compromisso emocional com o bem-estar pessoal do paciente, diferentemente da consulta rápida de quinze minutinhos dos médicos da sociedade contemporânea. O xamã trabalha noites inteiras para recuperar um único paciente. Numa aliança diádica que entrelaça o inconsciente de ambos, ele se envolve com o paciente na heroica parceria contra a doença e a morte. Mas essa aliança vai além: é uma aliança com os poderes ocultos da Natureza, invisíveis à luz do dia, em que as influências materiais da vida cotidiana perturbam a consciência. Assim, a dupla xamã e paciente se aventura na clareza da escuridão, em que o xamã visualiza de modo ininterrupto, por estímulos externos e superficiais, as forças ocultas envolvidas com as profundezas do inconsciente e as aproveita ou as enfrenta, em prol do bem e da sobrevida do paciente. Claro, nem todo xamã pertence à família estendida dos pacientes. De fato, em certas sociedades, o xamã até aceita pagamento por seu trabalho. Mas, por exemplo, entre os tsimshians gitksans, que habitam o litoral noroeste da América do Norte, o xamã devolve o pagamento se o paciente morre.[2]

POSFÁCIO

Por si sós, as conquistas da medicina científica e tecnológica ocidental já são miraculosas. Mas espero que finalmente os conhecimentos e os métodos xamânicos sejam respeitados pelos ocidentais, assim como os xamãs respeitam a medicina tecnológica ocidental. Com respeito mútuo, as duas estratégias ajudam a concretizar a abordagem holística da cura e da saúde que tanta gente busca. Para aplicar o xamanismo, não precisamos entender em termos científicos por que ele funciona, assim como não precisamos saber como a acupuntura funciona para nos beneficiarmos dela.

Não há conflitos entre as práticas xamânicas e os tratamentos médicos modernos. Já toquei nesse assunto com muitos xamãs indígenas americanos – da América do Sul e da América do Norte –, e todos concordaram que os dois métodos são compatíveis. Os xamãs shuar estão perfeitamente inclinados a permitir que seus pacientes consultem um médico missionário. Na verdade, incentivam seus pacientes a obterem todo o tratamento tecnológico possível. O xamã quer, antes de tudo, o bem do paciente. Aceita de bom grado todo e qualquer tipo de tratamento tecnológico ou medicamentoso que fortaleça o paciente e ajude a combater as doenças.

Um exemplo recente de combinação de xamanismo de apoio mútuo com a medicina tecnológica ocidental é o renomado trabalho do casal de pesquisadores O. Carl Simonton e Stephanie Matthews-Simonton no tratamento de pacientes com câncer. Os Simonton não adotaram conscientemente métodos xamânicos, mas algumas de suas técnicas de apoio à quimioterapia são incrivelmente semelhantes às dos xamãs. Os pacientes dos Simonton às vezes se surpreendem com o sucesso do tratamento para aliviar a dor e alcançar remissão de suas condições cancerígenas.[3]

Como parte de seu tratamento, os pacientes relaxam numa sala silenciosa e se visualizam numa jornada a pé, em busca de um "guia interior", que é uma pessoa ou um animal. Então, o paciente pede ajuda ao "guia" para ficar bem.[4] Essa semelhança com a jornada xamânica, a recuperação de um animal de poder e seu uso xamânico são tão óbvios quanto notáveis

Além disso, os Simonton, sem sugerir o conteúdo, pediam para que seus pacientes imaginassem e desenhassem seus cânceres.[5] De modo espontâneo, os pacientes desenharam cobras e outras criaturas surpreendentemente parecidas com as visualizadas pelos xamãs como intrusões de poder nocivas no corpo de seus pacientes (ver desenhos shuar na Figura 13). Em seguida, os Simonton incentivam seus pacientes a visualizar seus cânceres como "criaturas que causam dor" e a se livrar delas.[6]

Mas a semelhança com o xamanismo não para por aí. Os Simonton descobriram que era possível treinar seus pacientes para visualizar o envio de glóbulos brancos a fim de combater as células cancerígenas e expulsá-las do corpo, da mesma forma que um xamã visualiza e ordena que ajudantes espirituais promovam a sucção e remoção das intrusões de poder nocivas do corpo de seu paciente. Uma das principais diferenças é que os pacientes dos Simonton agem para fazer a cura em benefício próprio, algo difícil até mesmo para os melhores xamãs.

Talvez os pacientes com câncer recebessem ajuda maior se um xamã trabalhasse com eles. Pacientes não deveriam ser obrigados a atuar como seus próprios xamãs. Pelo mesmo raciocínio, não deveriam ser obrigados a limitar seus tratamentos tecnológicos à autoadministração de medicamentos patenteados comprados na farmácia local.

Um dia (espero que em breve) uma versão moderna do xamã vai trabalhar lado a lado com os médicos ocidentais ortodoxos. Na verdade, isso já começa a acontecer onde existem xamãs nativos, como em reservas indígenas norte-americanas e em alguns pontos da Austrália. Igualmente empolgante é a perspectiva de médicos serem treinados na cura e na manutenção da saúde com métodos xamânicos e, assim, combinarem as duas abordagens em sua prática cotidiana. É motivo de alegria constatar que jovens médicos e médicas já participaram de minhas oficinas de treinamento e mostraram entusiasmo com o que aprenderam. Será que vão ter sucesso na implementação dos princípios xamânicos em seu trabalho? Só o tempo dirá.

Em relação ao caminho do xamã, cada leitor tem seus próprios interesses e esperanças. Seja como for, uma questão precisa ser res-

POSFÁCIO

pondida por todos os leitores: e agora, que rumo seguir? Ninguém precisa se tornar um xamã para continuar o trabalho descrito neste livro. Xamãs se envolvem seriamente na tentativa de ajudar pessoas com fragilidades no poder e na saúde. Talvez você não se sinta confortável para assumir tamanha responsabilidade. Até mesmo nas sociedades xamânicas, a maioria das pessoas não quer assumi-la. Contudo há outros modos de aplicar o que você aprendeu aqui. Por exemplo, usar esses métodos para ajudar a si próprio com seriedade e frequência. Se não tiver alguém para tocar o tambor, trabalhe sozinho com as gravações de percussão xamânica citadas no Apêndice A. É a tecnologia moderna a serviço do xamanismo!

Para os leitores interessados em se tornarem xamãs profissionais, saliento que há muito a experimentar e aprender além do que foi discorrido nas páginas anteriores. Não abordamos temas como a perambulação no agreste, a busca pela visão, a experiência xamânica de morte e ressurreição, a jornada órfica, o xamanismo e a vida após a morte e as jornadas ao Mundo Superior. O que mais importa é você exercitar com frequência o que aprendeu. Peça ajuda a um amigo ou parente para atuar com você como parceiro, participando de oficinas de treinamento xamânico e desenvolvendo um círculo de pessoas inclinadas ao xamanismo que se encontram com frequência para se ajudar mutuamente e ajudar os outros.

Como já observei, é válido praticar simplesmente para ajudar a si mesmo. Se isso não for suficiente para você, então procure ajudar os outros xamanicamente. Nessa tarefa, os seus maiores obstáculos serão socioculturais, não xamânicos, pois vivemos na própria civilização que perseguiu e destruiu as pessoas que detinham os conhecimentos antigos. Você não será queimado na fogueira, mas não receberá também o Prêmio Nobel de Medicina.

Na Sibéria, o povo koryak distingue o xamanismo familiar do xamanismo profissional.[7] O xamanismo familiar é a ajuda de parentes imediatos por pessoas menos avançadas e menos poderosas nos conhecimentos xamânicos. O xamanismo profissional, praticado por xamãs avançados e poderosos, envolve o tratamento de todo e qualquer paciente. Se você quiser ajudar os outros xamanicamente, siga o modelo do xamanismo familiar: trabalhe para ajudar amigos próximos e familiares com mente aberta. E não se esqueça: atue para complementar o tratamento médico ortodoxo ocidental, não para competir com ele. A prioridade não é ser purista, mas sim ajudar os outros a alcançar saúde e felicidade, em harmonia com a Natureza, de todas as formas práticas.

Afinal de contas, no xamanismo, ajudar os outros é sinônimo de ajudar a si mesmo. Ao ajudar os outros xamanicamente, a pessoa se torna mais poderosa, realizada e feliz. O xamanismo vai muito além de transcender a realidade comum com a preocupação primordial em nós mesmos. Essa transcendência tem um propósito mais amplo: ajudar a humanidade. O xamanismo tem a capacidade de iluminar o que os outros percebem como escuridão. Em meio a esse alumbramento, obtivemos percepções e empreendemos jornadas em prol de uma humanidade que corre o perigo de perder a conexão espiritual com todos os seus parentes, as plantas e os animais desta boa Terra.

O número de jovens interessados em explorar o caminho do xamã ainda é pequeno, mas crescente. O poema a seguir, escrito por uma dessas pessoas, Josie Tamarin, traz uma singela mensagem. Na prática dos métodos xamânicos, encontramos o caminho que ninguém mais é capaz de encontrar para nós.[8] Um espírito revelou a um xamã samoiedo siberiano: "Ao praticar o xamanismo, você encontra por conta própria o seu caminho".[9]

CANÇÃO PARA A JORNADA

águia voa no azul-turquesa e anil
colhe ouro nas pontas brancas das penas
na cadência da quietude e do vento
canta e se precipita em correntezas e tempestades
só, clarividente, dançarina do céu.
fogo solar imerge no submundo serpentino
e a águia dá rasantes na luz cor-de-rosa e malva e âmbar
rumo ao longo sonho noturno em seu ninho

POSFÁCIO

*cabeça curva sob as asas
águia envolta no sono
reflete parentescos primevos
com seres escamados e enroscados em espiral
que em sua armadilha engolem o sol
enquanto o mundo perdido espera em escuridão e sonho;
e no mundo dos sonhos deusas e deuses
fazem soar a pulsação da prece
dançam perto de fogueiras menores
tamborilam rumo à luz maior
criam canções com gritos de perda
abanam a brasa ardente do coração
elogiam as cores:
broto verdejante, milho dourado
suaves e ricos marrons do veado e da terra
prismas de névoa, sol e arco-íris
e descomedidas anêmonas-dos-bosques
a tangerina e o ocre do limão queimado pela morte outonal
após o calor azul do verão
e o silêncio alvo no centro
da calma do inverno*

*e o bruxulear da esperança
no infindável túnel escuro da noite
sonhos de águia se mexem e do sono
despertam espíritos predadores de asas sombrias
e arremetem contra todos nós
em estranhos elementos
mares insondáveis em azul-cobalto e preto
arremetem na superfície
junto à imagem de luas crescentes no espelho d'água
jornada descendente em espiral líquida
e agora somos nós que precisamos do aguçado olhar da águia:
vislumbre de turbulência lá embaixo
formas sombrias se unem e se retorcem*

na força vulcânica o sol é capturado
por serpentes da inveja em frenesi de luta
em volta da luz;
bico e garras se curvam
asas batem contra o vórtice de maré
reagem (mas não se rendem)
àquele poder
e atacam

por uma eternidade corações param em meio ao sono
e cessa o bater dos tambores
enquanto plumas, espirais, presas e garras de prata
abraçam a morte de nossos sonhos;
e nessa hora o sol é libertado
e começa a flutuar luminoso
rumo a essa tênue membrana onde mar e céu se fundem
deixam a imagem de fúria congelada lá embaixo
e por fim explode
ao som frágil do silêncio e da cor
aurora nasce nas asas da luz

vida mexe
luz mexe com todos nós
e a águia se ergue rumo ao sol
nos suspiros de nosso despertar

APÊNDICE A
TAMBORES, CDs DE MÚSICA E OFICINAS DE TREINAMENTO

Em 1980, quando este livro foi editado pela primeira vez, era difícil encontrar tambores apropriados à prática xamânica. Um dos poucos tipos de tambores adequados que podiam ser facilmente obtidos era o tambor de membrana dupla dos taos, tradicional povo indígena do Novo México, feito de casca de choupo-do-canadá e membrana em pele crua. Esse é o tipo mostrado nas ilustrações anteriores. Embora pesados e difíceis de manusear, de vez em quando eu os utilizo para obter uma sonoridade mais grave.

TAMBORES

Hoje em dia, tambores apropriados à prática xamânica estão bem mais acessíveis, incluindo excelentes instrumentos parecidos com os clássicos tambores xamânicos da Sibéria e do litoral noroeste da América do Norte. Tambores leves, de aro redondo e membrana única, práticos de segurar com uma das mãos. Em pé ou em movimento, são facilmente tocados por longos períodos de tempo. Em ambientes fechados, têm ressonância maior que os tambores taos de membrana dupla. É esse tipo de tambor que recomendo ao leitor e à leitora; são esses tambores que mais uso. Sugiro tambores de aro redondo e membrana única de 40 centímetros de diâmetro. São grandes o bastante para fornecer um som adequado, mas não a ponto de serem pesados. A pessoa segura com um braço só, por um bom tempo.

Existem dois tipos básicos de tambores de aro redondo e membrana única: (1) tambores de membrana sintética ou mylar; e (2) tambores de membrana tradicional em pele crua ou couro curtido. O tambor de aro redondo e membrana única em mylar é relativamente barato, confiável e facilmente disponível na Fundação para Estudos Xamânicos (*Foundation for Shamanic Studies*, ver endereço no fim do Apêndice A). Além disso, tambores com esse tipo de membrana são menos afetados por mudanças de temperatura e umidade do que tambores com membrana de pele.

À medida que você se torna mais experiente nas práticas xamânicas, talvez queira adquirir tambores mais caros, como os tambores de aro redondo e membrana única em pele crua ou couro curtido. Ao contrário dos tambores com membrana em mylar, esse tipo de tambor deve ser protegido do calor excessivo e ambientes secos demais ou úmidos demais. Consulte as instruções do fabricante sobre os cuidados específicos de cada tambor. Hoje em dia muitos artesãos os manufaturam.

Se você gosta de trabalhos manuais, talvez queira confeccionar seu próprio tambor. Um bom guia para isso é o livro *How to Make Drums, Tomtoms and Rattles: Primitive Percussion Instruments for Modern Use* ["Como fazer tambores, tom-tons e chocalhos: instrumentos de percussão primitivos para uso moderno", inédito no Brasil], de Bernard S. Mason, brochura publicada pela Dover Publications, de Nova York.

CHOCALHOS

Os povos do sudoeste dos Estados Unidos (hopis, zunis e pueblanos do Rio Grande) usam porongos ou cabaças secas para fazer excelentes chocalhos, lindamente decorados. Estão à venda em lojas de artesanato nativo americano em Santa Fé, Novo México. Outra maneira fácil de obter um chocalho é na Fundação para Estudos Xamânicos.

APÊNDICE A

Se você preferir fazer um chocalho, corte a extremidade estreita de uma cabaça, coloque pedrinhas bem pequenas, contas de vidro ou chumbinhos. Em seguida, com epóxi, acople um cabo de madeira na cabaça. O livro de Mason, já mencionado, traz dicas adicionais. Se você quiser cultivar suas próprias cabaças, sementes para uma grande variedade de cabaças estão listadas no catálogo da Park Seed Company, Greenwood, na Carolina do Sul, nos Estados Unidos.

CDs DE PERCUSSÃO XAMÂNICA

Gravações de percussão criadas especificamente para jornadas xamânicas fornecem um excelente apoio sonoro quando usadas corretamente. Um só lado de CD, por exemplo, fornece meia hora de jornada, período bem mais longo do que em geral dura, ao vivo, a sessão percussiva.

Desenvolvi pela primeira vez uma fita com o som dos tambores em 1979, para ajudar os leitores que, na época da primeira edição, em 1980, não dispunham de tambores. Mas me surpreendi com a eficácia da gravação. Funcionou tão bem quanto um tambor ao vivo. Assim, no início dos anos 1980, fazendo aconselhamento xamânico de clientes usando a fita, descobri um modo aprimorado de empreender a jornada ao som de tambores gravados, técnica hoje intitulada "narração simultânea". Por esse método, a pessoa que empreende a jornada se reclina confortavelmente e tapa os olhos numa sala escura. Coloca os fones de ouvido. Dá play no CD de percussão xamânica. À medida que vivencia a jornada, a pessoa descreve a experiência em voz alta. É surpreendente: essa técnica facilita a jornada e com frequência a torna duas vezes mais vívida do que se a pessoa ficar em silêncio.

Uma inovação extra envolve o uso de um microfone de lapela conectado a um gravador de voz (separado, por meio de fones de ouvido, do aparelho que reproduz a percussão dos tambores) com o objetivo de gravar a narração simultânea da pessoa que faz a jornada. Isso não só fornece ao interessado um registro permanente de sua experiência da jornada, mas também permite revisar e analisar imediatamente a experiência e as informações obtidas. O treinamento nesse método é oferecido pela Fundação para Estudos Xamânicos, no curso Treinamento e Aconselhamento Xamânico de Harner.

Na minha experiência, usar fones de ouvido para obter essa entrada sônica é mais eficaz do que empregar um sistema de alto-falantes e menos perturbador para os moradores e vizinhos. Além disso, fones de ouvido são essenciais à técnica de narração simultânea, para que o som dos alto-falantes não abafe a gravação do que vai sendo narrado.

A gravação clássica para uso com este livro é "Shamanic Journey Solo and Double Drumming" ["Jornada Xamânica Solo e Percussão Dupla"], produzida pela Fundação para Estudos Xamânicos, disponível na Fundação ou em sites de música New Age. Os CDs da Fundação têm o sinal de chamamento, descrito para percussão ao vivo neste livro, no final de suas faixas de quinze minutos e meia hora.

PROGRAMAS E OFICINAS DE TREINAMENTO XAMÂNICO

No site www.shamanism.org você encontra informações extras sobre materiais e treinamento especializado em xamanismo e cura xamânica, bem como um calendário de oficinas e cursos, com até três anos de duração, da Fundação para Estudos Xamânicos, em vários locais nos Estados Unidos e em outros lugares. Entre em contato conosco pela página https://www.shamanism.org/contact.html ou escreva para:

The Foundation for Shamanic Studies
P. O. Box 1939
Mill Valley, California 94942
Estados Unidos da América
Telefone: (415) 897-6416

Essa organização beneficente e educacional pública sem fins lucrativos também apoia – com a renda de oficinas, anuidades e doa-

APÊNDICE A

ções – programas para preservar o conhecimento xamânico ameaçado e aplicá-lo aos problemas contemporâneos do planeta. Esses programas incluem Assistência Indígena Urgente (UIA, de Urgent Indigenous Assistance), Xamanismo e Saúde (SAH, de Shamanism and Health), o Conservatório de Conhecimento Xamânico (SKC, de Shamanic Knowledge Conservatory) e Tesouros Vivos do Xamanismo (Living Treasures of Shamanism).

APÊNDICE B
O JOGO DA MÃO DOS INDÍGENAS FLATHEAD
conforme descrito por Alan P. Merriam[1]

Esta excelente descrição das regras e dos métodos do jogo da mão dos indígenas flathead baseia-se no trabalho de campo conduzido por Merriam, no estado de Montana, no verão de 1950. As regras e práticas são relativamente semelhantes às praticadas hoje pelas tribos salish e outras do noroeste. Uma gravação das *Stick Game Songs* (Canções do jogo da estaca) dos flathead nos ajuda a entender a dinâmica do jogo.[2]

A fase preliminar do jogo é informal. Tudo começa com um indivíduo com vontade e entusiasmo para iniciar um jogo. É ele que providencia os requisitos físicos para o jogo: dois postes roliços de madeira ou tábuas de qualquer tamanho e peso convenientes, com cerca de 3 a 4,5 metros de comprimento. Esses postes ou tábuas são colocados no chão a 1,5 metro de distância e paralelos entre si. [...] O primeiro homem de cada lado se torna o "capitão" de seu time, embora essa regra seja flexível. Em todo caso, se souber escrever, ele aceita as apostas para o seu lado, escrevendo nomes e valores apostados num pedaço de papel.

Quando o número de apostas for suficiente ou quando cessarem, os jogadores, inclusive quem apostou e quiser jogar, pegam estacas de madeira de comprimento conveniente para fazer o ritmo batendo no poste ou na tábua em sua frente. Sentam-se atrás das tábuas paralelas, cada time de frente para o outro. Cada equipe tem de oito a dez jogadores. Mais de uma dúzia e menos de cinco jogadores para cada lado é algo raro.

O capitão de cada time dispõe de cinco estacas roliças de madeira, com 20 a 25 centímetros de comprimento, afiadas numa ponta e com 2 centímetros de diâmetro. Essas estacas, pintadas em cores vivas, são facilmente identificadas pelo espectador.

Quando o autor assistiu ao jogo da estaca, dois conjuntos de estacas eram os mais utilizados. Uma dessas dez estacas era pintada de azul-claro. Todas as outras eram pintadas com faixas alternadas de vermelho e amarelo; neste último caso, a alternância era invertida em cada conjunto de cinco estacas. As cinco estacas de cada time ficam cravadas no chão, em frente aos postes paralelos, inclinadas para longe dos jogadores.

Assim que as estacas estiverem no lugar, dois pares de ossos são exibidos. Esses ossos variam em tamanho e, até certo ponto, em formato, dependendo se forem ossos masculinos ou femininos. Ossos masculinos, ou seja, usados pelos homens, são ossinhos das pernas equinas com 7 centímetros de comprimento e 2,5 de diâmetro. Os ossos são altamente polidos e, no caso do conjunto mais popular no momento da observação, receberam uma camada de tinta azul-celeste nas extremidades, numa faixa um pouco mais larga que 0,5 centímetro. Esse par de ossos masculinos fazia parte de um conjunto de material de jogo com estacas azuis para contagem, já mencionadas; pertenciam a um dos mais inveterados apostadores da reserva. Antigamente, o osso era marcado com faixas de tendão ou pele crua amarradas na parte medial. Hoje, a marcação mais comum é feita com três anéis de fita isolante elétrica preta de 1 centímetro de largura separados por lacunas de uns 3 milímetros.

Ossos femininos, por outro lado, são consideravelmente menores, porque as mãos femininas são mais delicadas. Feitos com ossinhos da perna de um cervídeo, têm 5,5 centímetros de comprimento e uns 2 centímetros de diâmetro. Nesse caso o osso é marcado por duas faixas de fita isolante, em vez de três. [...]

APÊNDICE B

O jogo inicia de duas formas. A primeira é a "mais adequada". O "capitão" de cada lado esconde um par de ossos (um marcado e um não marcado) nas mãos e estende os punhos com os braços abertos à frente. Cada "capitão" adivinha a posição do osso não marcado que o outro segura; se os dois acertarem o palpite, ou se os dois errarem o palpite, é um empate, e o processo é repetido. No entanto, se um der o palpite certo e outro der o palpite errado, o jogador que errou entrega seus ossos e uma estaca de pontuação. Aí que começa o jogo para valer. Na segunda modalidade, o mesmo "capitão" faz sua aposta, pega um par de ossos e os esconde. Com um osso em cada um dos punhos fechados, desafia seu opositor a revelar as posições; se o adivinhador acertar, ganha os ossos e uma estaca de pontuação. Se errar, perde a vez, e o outro time passa a adivinhar. Esse segundo método não costuma ser usado, pois dá vantagem psicológica ao time que segura os ossos.

Assim que a primeira posição dos ossos for determinada por um dos métodos descritos acima, o lado que ganhou a posse começa a cantar, ao mesmo tempo batendo na tábua ou poste com as estacas curtas apanhadas antes do jogo. O "capitão" segura dois pares de ossos e, após entoar cantos e fazer pantomimas, joga um deles a alguém, guardando o outro conjunto consigo ou talvez o passando também a outra pessoa. Aqueles que recebem os ossos imediatamente largam suas estacas e começam a elaborada pantomima que acompanha o processo de ocultação. A escolha das pessoas que escondem os ossos parece puramente arbitrária, porém os mais hábeis em manipulá-las ou famosos por terem sorte no jogo da estaca recebem a óbvia preferência.

No jogo a pantomima adquire várias formas. Bom jogador é aquele hábil para esconder os ossos. Dizem os informantes:

– Tem que saber os movimentos para ser bom no jogo da estaca.

Ao mesmo tempo, parece não haver nenhum significado particular nesses movimentos. O jogador fica de joelhos se for homem e sentado em posição de indígena se for mulher. Se for homem, o gesto preliminar é jogar os ossos para cima, pegá-los no ar e curvar--se até tocar o rosto no chão, ocultando os ossos sob o peito. Em seguida endireita o corpo e mostra a seus oponentes que segurou os ossos e repete o processo com alguma variação. Segura os ossos atrás das costas ou, de modo bem característico, cruza os braços e enfia cada mão na axila oposta. Ao terminar os movimentos iniciais, a ocultação final ocorre sob um chapéu ou lenço disposto no chão, à frente do jogador. Mulheres são mais propensas a manipular os ossos embaixo da roupa, sob um xale ou lenço, ou atrás das costas; outra opção é ocultar as mãos sob um chapéu masculino e trocar ossos de uma das mãos a outra. É comum a mulher segurar na boca um grande lenço e cantarolar o tempo todo enquanto esconde os ossos. Nessa parte introdutória, o time com ossos canta sem parar, grita e insulta os jogadores do time oposto. Os ossos são constantemente escondidos, expostos à visão dos adversários e escondidos de novo; a jogada preliminar dura até dez minutos em casos extremos.

Nesse meio-tempo, o lado que deve dar o palpite permanece em silêncio. Na prática, e na maioria das vezes, o "capitão" atua como adivinhador, mas às vezes atribui essa missão a outra pessoa. [...] Aponta para outro jogador assim: traz a mão esquerda bruscamente ao ombro direito, e, ao bater no ombro, o braço direito, que estava dobrado, se estende. É como se o golpe da mão esquerda impulsionasse o braço direito à frente. O braço se estende com o dedo indicador apontando uma das pessoas com ossos. O processo é repetido para apontar outro jogador e ao longo da manipulação dos ossos; esses movimentos, porém, não se configuram um palpite real.

Os dois jogadores com ossos trabalham independentemente; quando alguém está pronto para aceitar um palpite, mostra sua intenção assim: estende os dois braços para longe de seus flancos, escondendo os ossos nos punhos cerrados, os nós dos dedos em direção aos adivinhadores. O outro jogador logo segue o exemplo. Ao apresentar os ossos ao adivinhador, às vezes uma das mãos é estendida enquanto a outra, cruzada sobre o peito, se esconde sob a axila oposta. O palpite deve ser rápido, caso contrário os ossos serão retirados e a manipulação reiniciada. Com esse movimento, o adivinhador indica seu palpite. Se a escolha for definitiva, o mo-

APÊNDICE B

vimento do braço é acompanhado por um grunhido audível. Isso significa que está tomada a decisão final. Quatro suposições se aplicam aos dois conjuntos de ossos: 1) se o adivinhador aponta para a direita com o dedo indicador, mostra acreditar que os dois ossos não marcados estão na mão esquerda de seus dois oponentes; 2) apontar à esquerda indica acreditar que os dois ossos não marcados estão na mão direita dos jogadores; 3) apontar à frente com o braço inclinado para o chão indica a convicção de que os dois ossos não marcados estão no centro, isto é, na mão direita do jogador à sua direita e na mão esquerda do jogador à sua esquerda; 4) estender o polegar e o indicador, com a palma para cima e os outros três dedos fechados, indica a decisão de que os ossos não marcados estão do lado externo, isto é, na mão esquerda do jogador à sua direita e na mão direita do jogador à sua esquerda.

Se o adivinho fizer um palpite incorreto sobre os dois ossos, tem que entregar duas estacas de pontuação para o lado oposto; se adivinhar corretamente os dois, recebe os dois pares de ossos, mas nenhuma estaca. Se adivinhar um conjunto corretamente, esses ossos são jogados para ele, mas o outro conjunto é retido pelo lado original, e o adivinhador deve ceder uma estaca. Em outras palavras, a posse dos ossos dura enquanto o adivinhador for ludibriado; cada palpite errado lhe custa uma estaca. Ganhar um conjunto de ossos não é suficiente. Um time precisa ganhar a posse dos dois conjuntos para vencer a rodada. Quando conquistar a posse dos dois conjuntos, é a vez desse time cantar, bater na tábua e esconder os ossos.

Cada lado começa com cinco estacas. Para ganhar o jogo, o time tem de ganhar todas as dez estacas. Como observado acima, as estacas são colocadas no chão, inclinadas para longe dos jogadores e na frente da tábua paralela diante deles. À medida que são conquistadas, as estacas são dispostas atrás da tábua, até que todas as dez tenham sido colocadas em jogo; nessa posição, estão cravadas no chão novamente ou empilhadas. Com as dez estacas dispostas atrás dos postes paralelos, o jogo está em pleno andamento. Se o lado A tiver a posse dos ossos no início do jogo e conquistar seis vitórias consecutivas, significa que ganhou mais estacas do que o lado B possui. Nesse caso, o lado B entrega as cinco estacas, mas, na sexta vitória, o lado A pega uma estaca da frente da tábua e a coloca atrás dela, assim inserindo em jogo uma sexta estaca. Em seguida, se o lado A perder os ossos e fizer um palpite incorreto, deve pagar com uma nova estaca, não com uma estaca ganha do lado B.

E o jogo segue até um dos lados ganhar todas as dez estacas...

O jogo envolve uma boa dose de empatia e uma espécie de "adivinhação". Por exemplo, quando um lado tem só uma estaca sobrando, ela está quase sempre cravada na frente do poste e enterrada firmemente no solo pelo capitão. Supostamente, isso dificulta a conquista da última estaca pelo time opositor. Quando um lado adivinha e ganha um conjunto, os ossos logo são jogados ao outro lado. Muitas vezes, o "capitão" de cada lado manipula os ossos e os observa em suas mãos. Mostra o par à multidão, mas ainda precisa, é claro, obter o outro par e faz seu palpite.

Hoje, o jogo da estaca é praticado só por homens, só por mulheres ou em equipes mistas. Crianças são incentivadas a participar, e o "capitão" joga os ossos para elas esconderem, embora os punhos sejam tão pequenos que mal cobrem os ossos. Nessas ocasiões, as crianças recebem bastante apoio.

NOTAS

A seção *Bibliografia* traz informações completas sobre as fontes.

PREFÁCIO À NOVA EDIÇÃO

1. A edição original (Harner, 1980) foi publicada pela Harper & Row; a segunda edição (Harner, 1982), pela Bantam Books.
2. Consulte informações extras sobre esse movimento em Doore, 1988; Drury, 1989; Nicholson, 1987; Townsend, 1987; bem como nas publicações trimestrais *Foundation for Shamanic Studies Newsletter* e *Shaman's Drum*.
3. Consulte, p. ex., Achterberg, 1985; Dossey, 1988; Grof, 1988, e Lawlis, 1988.
4. Eliade, 1964, p. 99.
5. Consulte informações adicionais sobre aconselhamento xamânico em Hamer, 1988.

INTRODUÇÃO

1. P. ex., Mandell, 1978, p. 73.
2. Elkin, 1945, p. 66-67, 72-73.

CAPÍTULO 1: DESCOBRIR O CAMINHO

1. Os nomes das pessoas foram modificados.
2. Essa narrativa não sugere que o leitor utilize *ayahuasca* ou *maikua*. Na realidade, as espécies de *Datura* são altamente tóxicas e sua ingestão às vezes produz sérios efeitos adversos, incluindo a morte.
3. Relatos mais completos sobre o xamanismo shuar são encontrados em Harner (1972, p. 116-124 e p. 152-166) e em Harner (1968 ou 1973a).

CAPÍTULO 2: JORNADA XAMÂNICA: PRIMEIROS PASSOS

1. Eliade, 1964, p. 5.
2. Lowie, 1952, p. xvi-xvii.
3. Rasmussen, 1929, p. 112.
4. Rasmussen, 1929, p. 118-119.
5. Eliade, 1964, p. 138; Elkin, 1945, p. 96-97; Howitt, 1904, p. 406, 582-583.
6. Harner, 1968, p. 28; Harner, 1973a, p. 15-16.
7. Bogoras, 1904-1909, p. 441.
8. Bogoras, 1904-1909, p. 438.
9. Rasmussen, 1929, p. 124.
10. Elkin, 1945, p. 107, 108.
11. Halifax, 1979, p. 56, *apud* Biesele, 1975.
12. Spencer e Gillen, 1927, p. 424, 266.
13. Eells, 1889, p. 667.
14. Rasmussen, 1929, p. 126.
15. Rasmussen, 1929, p. 127.

16. Popov, 1968, p. 138.
17. Essie Parrish, da tribo pomo kashia, comunicação pessoal, 1965.
18. Boas, 1900, p. 37.
19. McGregor, 1941, p. 304-305.
20. Bunzel, 1932, p. 528-534. Ver também Bunzel, comunicação pessoal, 1980.
21. McGregor, 1941, p. 259-260.
22. P. ex., McGregor, 1941, p. 301-302.
23. Vastokas, 1973/1974, p. 137.

CAPÍTULO 3: XAMANISMO E ESTADOS DE CONSCIÊNCIA

1. Eliade, 1964.
2. P. ex., Halifax, 1979, p. 3.
3. Furst, 1972, p. ix.
4. Wilbert, 1972, p. 81-82.
5. Benedict, 1923, p. 67.
6. Ver Harner, 1973c.
7. Devereux, 1957, p. 1036.
8. Ver Harner, 1972, p. 134-169, ou 1973a.
9. Hultkrantz, 1973, p. 31.
10. Stanner, 1956, p. 161.
11. Hultkrantz, 1973, p. 28, 31.
12. Eliade, 1964, p. 222-223.
13. Hultkrantz, 1973, p. 28.
14. Reinhard, 1975, p. 20.
15. Elkin, 1945, p. 59.
16. Elkin, 1945, p. 74-75.
17. P. ex., consultar Wittkover, 1970, p. 156-157.
18. *Apud* Diószegi, 1962, p. 162-163.
19. Neher, 1962, p. 153. Ver também Neher, 1961.
20. Neher, 1962, p. 152-153.
21. Jilek, 1974, p. 74-75.
22. Shirokogoroff, 1935, p. 326, 329.

23. Shirokogoroff, 1935, p. 326-327.
24. Shirokogoroff, 1935, p. 326-327.
25. Nequatewa, 1967, p. 133-134.
26. Cloutier, 1973, p. 32-33, livremente adaptado de Bogoras, 1909, p. 281.

CAPÍTULO 4: ANIMAIS DE PODER

1. P. ex., Gould, 1969, p. 106; Stanner, 1965; Warner, 1958, p. 511.
2. Jelik, 1974, p. 71; Cline, 1938, p. 144.
3. Jelik, 1974, p. 71.
4. Park, 1938, p. 83.
5. Ver Harner, 1972, p. 138-139.
6. Elkin, 1945, p. 114.
7. Ver Castaneda, 1972, p. 296-297, 299-300.
8. Lame Deer e Erdoes, 1972, p. 136-137.
9. Spencer e Gillin, 1927, p. 400.
10. Elkin, 1945, p. 97.
11. Eliade, 1964, p. 93.
12. Loeb, 1926, p. 337.
13. Kroeber, 1925, p. 200.
14. Harner, 1973b, p. 140-145.
15. Ver Porta, 1658.
16. Citado em Harner, 1973b, p. 142.
17. Castaneda, 1968, p. 121-129; 1971, p. 122.
18. Eliade, 1964, p. 128-129, em especial seguindo Andres, 1938.
19. Jilek, 1974, p. 25-26.
20. Jilek, 1974, p. 92.
21. Boas, 1916, p. 563.
22. Cloutier, 1973, p. 57, livremente adaptado de Swanton, 1909, p. 392.
23. Stewart, 1946, p. 331-332.
24. Bunzel, 1932, p. 531-532.
25. La Flesche, 1925, p. 209. Na série de canções original, cada estrofe se repetia uma vez.
26. Stewart, 1946, p. 331, citando R. Beals.

27. Wike, 1941, p. 13.
28. P. ex., Eliade, 1964, p. 97-98.
29. Lame Deer e Erdoes, 1972, p. 127.
30. Castaneda, 1971, p. 185.
31. Eliade, 1964, p. 99.
32. Foster, 1944, p. 88-89.
33. Ver Castaneda, 1974, p. 217. *Ver também* Foster, 1944, p. 89.
34. Castaneda, 1974, p. 118-270.
35. P. ex., Castaneda, 1974, p. 122-125, 132, 141. Ver Soustelle, 1964, p. 196.
36. Foster, 1944, p. 85-86, 95.
37. Teit, 1900, p. 354; Eells, 1889, p. 672-673.
38. Ver Harner, 1972, p. 136.
39. Ver Benedict, 1923.
40. Cline, 1938, p. 141.
41. Cline, 1938, p. 141.
42. Cline, 1938, p. 142.

CAPÍTULO 5: JORNADA PARA RESTAURAR O PODER

1. Haeberlin, 1918, p. 249; Dorsey, 1902, p. 234-236.
2. Haeberlin, 1918, p. 250.
3. Jilek, 1974, p. 71.
4. Ver Dorsey, 1902; Frachtenberg, 1920; Haeberlin, 1918; e Waterman, 1930.
5. Haeberlin, 1918; Waterman, 1930.
6. Waterman, 1930, p. 137, 543.
7. Haeberlin, 1918.
8. Haeberlin, 1918.
9. Eliade, 1964, p. 226, 355-360.
10. Cawte, 1974, p. 64; Reichel-Dolmatoff, 1971, p. 172-174.
11. Wagley, 1977, p. 181, 185-186.
12. Eliade, 1964, p. 238.
13. Elkin, 1945, p. 71.
14. P. ex., Elkin, 1945, p. 96, 143n; Cline, 1938, p. 133.

15. Rasmussen, 1929, p. 114.
16. Cloutier, 1973, p. 67-68, livremente adaptado de Barbeau, 1958, p. 53.
17. Oswalt, 1964, p. 219, 221.
18. Eliade, 1964, p. 254.
19. Cloutier, 1973, p. 58-59, livremente adaptado de Barbeau, 1951, p. 122.
20. Popov, 1968, p. 138-139.

CAPÍTULO 6: EXERCITAR O PODER

1. Cline, 1938, p. 136.
2. P. ex., Park, 1934, p. 104.
3. Cf. Harner, 1972, p. 140; Cline, 1938, p. 145.
4. Lehtisalo, 1924, p. 161.
5. Kensinger, 1973, p. 12n.
6. Cline, 1938, p. 145.
7. Warner, 1958, p. 511; Wilbert, 1972, p. 63.
8. Warner, 1958, p. 511.
9. O povo iroquês provavelmente desenvolveu a prática mais elaborada dessa técnica. Consulte Wallace, 1958.
10. Ver Elkin, 1945, p. 52-53.
11. Jelik, 1974, p. 64-65.
12. Park, 1934, p. 103.
13. P. ex., Culin, 1907; Lesser, 1978.
14. Elkin, 1945, p. 44, 103, 120.
15. Elkin, 1945, p. 44; Levi, 1978, p. 43, 46.
16. Levi, 1978, p. 42.
17. Elkin, 1945, p. 42, 48.
18. Levi, 1978, p. 49.
19. Elkin, 1945, p. 97.
20. Elkin, 1945, p. 29, 30, 32, 33, 47-48, 92, 94, 103, 122-125, 140.
21. Elkin, 1945, p. 94.
22. Wilbert, 1972, p. 65.
23. Wilbert, 1973/1974, p. 93.
24. Furst, 1973/74, p. 55; Prem Das, comunicação pessoal, 1980.

25. Furst, 1973/74, p. 55; Prem Das, comunicação pessoal, 1980.
26. Elkin, 1945, p. 44.
27. Elkin, 1945, p. 107-108.
28. P. ex., Levi, 1978, p. 50.
29. Elkin, 1945, p. 103.
30. Barbeau, 1958, p. 73.
31. Elkin, 1945, p. 108.
32. Elkin, 1945, p. 110.
33. Barbeau, 1958, p. 71.
34. Levi, 1978, p. 50.
35. Levi, 1978, p. 47.
36. Castaneda, 1978, p. 245.
37. Foi utilizado o grande cristal de quartzo mostrado na Figura 5, em Kelly, 1978. Agradeço a David Peri pelas informações sobre as práticas com o cristal de quartzo dos miwoks litorâneos e a fé em torno desse cristal.
38. Castaneda, 1972, p. 291-302.
39. David Finkelstein, comunicação pessoal, 1980. Meu muito obrigado a Joan Halifax por ter conseguido essas informações para mim.

CAPÍTULO 7: EXTRAIR INTRUSÕES NOCIVAS

1. Popov, 1968, p. 144.
2. Eliade, 1964, p. 229.
3. Filme disponível na University Extension Films, University of California, Berkeley, Califórnia, Estados Unidos.
4. Mikhailowskii, 1894, p. 141.
5. Lame Deer & Erdoes, 1972, p. 134.
6. Cloutier, 1973, p. 64-65, livremente adaptado de Barbeau, 1958, p. 51-52.
7. Peri e Wharton, sem data, p. 30, 34.
8. Oswalt, 1964, p. 223, 225, 227, 229, 231. Segundo a sra. Parrish, "outros médicos cospem a doença com os germes ainda vivos" (Oswalt, 1964, p. 231*n*).

9. Amos, 1978, p. 14.
10. Katz, 1976b, p. 82.
11. Katz, 1976b, p. 86.

POSFÁCIO

1. Cousins, 1979, p. 68-69.
2. Barbeau, 1958, p. 48.
3. Carl Simonton, comunicação pessoal, 1980.
4. Simonton *et al.*, 1978, p. 194-197.
5. Carl Simonton, comunicação pessoal, 1980.
6. Simonton *et al.*, 1978, p. 7, 204.
7. Jochelson, 1905, p. 47-54.
8. Impresso com a gentil permissão do autor.
9. Popov, 1968, p. 143.

APÊNDICE B

1. Merriam, 1955, p. 315-319.
2. Boley, 1973.

REFERÊNCIAS DO PREFÁCIO

ACHTERBERG, Jeanne. *Imagery and Healing*: Shamanism and Modern Medicine. Boston: Shambhala Books, 1985.

DOORE, Gary (ed.). *Shaman's Path*: Healing, Personal Growth, and Empowerment. Boston: Shambhala Books, 1988.

DOSSEY, Larry. The Inner Life of the Healer: The Importance of Shamanism for Modern Medicine. *In:* DOORE, Gary (ed.). *Shaman's Path*: Healing, Personal Growth, and Empowerment. Boston: Shambhala Books, 1988. p. 89-99.

DRURY, Neville. *Elements of Shamanism*. Longmead, Shaftesbury, Dorset (Reino Unido): Element Books, 1989.

ELIADE, Mircea. Shamanism: Archaic Techniques of Ecstasy. *Bollingen Series* 76. Nova York: Pantheon, 1964. (Revisado e ampliado a partir da edição original francesa, 1951.)

FOUNDATION for Shamanic Studies Newsletter. 1988-. (Trimestral). Norwalk, Connecticut.

GROF, Stanislav. The Shamanic Journey: Observations from Holotropic Therapy. *In:* DOORE, Gary (ed.). *Shaman's Path*: Healing, Personal Growth, and Empowerment. Boston: Shambhala Books, 1988. p. 161-175.

HARNER, Michael. *The Way of the Shaman*: A Guide to Power and Healing. São Francisco: Harper and Row, 1980.

HARNER, Michael. *The Way of the Shaman*: A Guide to Power and Healing. 2.ed. Nova York: Bantam Books, 1982.

HARNER, Michael. Shamanic Counseling. *In:* DOORE, Gary (ed.). *Shaman's Path*: Healing, Personal Growth, and Empowerment. Boston: Shambhala Books, 1988. p. 179-187.

LAWLIS, Frank. Shamanic Approaches in a Hospital Pain Clinic. *In*: DOORE, Gary (ed.). *Shaman's Path*: Healing, Personal Growth, and Empowerment. Boston: Shambhala Books, 1988. p. 139-149.

NICHOLSON, Shirley (org.). *Shamanism*: An Expanded View of Reality. Wheaton, Illinois: Theosophical Publishing House, 1987.

SHAMAN'S Drum: A Journal of Experiential Shamanism. 1985-. (Trimestral). Berkeley, Califórnia.

TOWNSEND, Joan B. Neo-Shamanism and the Modern Mystical Movement. *In*: DOORE, Gary (ed.). *Shaman's Path*: Healing, Personal Growth, and Empowerment. Boston: Shambhala Books, 1987. p. 73-83.

BIBLIOGRAFIA

AMOSS, Pamela. *Coast Salish Spirit Dancing*: The Survival of an Ancestral Religion. Seattle: University of Washington Press, 1978.

ANDRES, Friedrich. Die Himmelreise der caräibischen Medizinmanner. *Zeitschrift für Ethnologie*, v. 70, n. 3-5, 1938, p. 331-342.

ASHANINGA, Kecizate. The Chain of Worlds. Conforme contado a Fernando Llosa Porras. *Parabola*, v. 2, n. 3, 1977, p. 58-62.

BALLARD, Arthur C. Mythology of Southern Puget Sound. *University of Washington Publications in Anthropology*, v. 3, n. 2, p. 31-150, 1929.

BARBEAU, Marius. Tsimshyan Songs. *In*: GARFIELD, Viola E. et al. *The Tsimshian*: Their Arts and Music, American Ethnological Society Publication, v. 18, 1951.

BARBEAU, Marius. Medicine-Men on the North Pacific Coast. *National Museum of Canada Bulletin*, n. 152 (Anthropological Series n. 42). Ottawa: Department of Northern Affairs and National Resources, 1958.

BENEDICT, Ruth F. The Concept of the Guardian Spirit in North America. *Memoirs of the American Anthropological Association*, 29. Menasha, Wisconsin, 1923.

BIESELE, Marguerite Anne. *Folklore and Ritual of !Kung Hunter-Gatherers*. Dissertação para obtenção de título de Ph.D. em antropologia, Harvard University, Cambridge, Massachusetts, 1975.

BOAS, Franz. The Mythology of the Bella Coola Indians. *Memoirs of the American Museum of Natural History*, v. 2, p. 25-127, 1900.

BOAS, Franz. Tsimshian Mythology. *Bureau of American Ethnology, Thirty-first Annual Report*, 1909-1910. Washington: Smithsonian Institution, 1916.

BOGORAS, Waldemar. The Chukchee. *Memoirs of the American Museum of Natural History*, v. 11 (Franz Boas, ed.). Reimpressões do v. 7 sobre a Jesup North Pacific Expedition, 1904-1909. Leiden: E. J. Brill, 1909.

BOLEY, Raymond. [Gravação] *Stick Game Songs*: A Live Recording of a Stick Game in Progress during the Arlee Pow Wow, Flathead Indian Reservation, Montana, jul. 1972. Phoenix, Arizona: Canyon Records, 1973.

BUNZEL, Ruth L. Introduction to Zuñi Ceremonialism. *Bureau of American Ethnology, Forty-seventh Annual Report*, 1929-1930, p. 467-544. Washington: Smithsonian Institution, 1932.

CASTANEDA, Carlos. *The Teachings of Don Juan*: A Yaqui Way of Knowledge. Berkeley e Los Angeles: University of California Press, 1968.

CASTANEDA, Carlos. *A Separate Reality*: Further Conversations with Don Juan. Nova York: Simon e Schuster, 1971.

CASTANEDA, Carlos. *Journey to Ixtlan*: The Lessons of Don Juan. Nova York: Simon e Schuster, 1972.

CASTANEDA, Carlos. Tales of Power. Nova York: Simon e Schuster, 1974.

CAWTE, John. *Medicine Is the Law*: Studies in Psychiatric Anthropology of Australian Tribal Societies. Honolulu: University Press of Hawaii, 1974.

CLINE, Walter. Religion and World View. *In*: SPIER, Leslie (ed.). The Sinkaietk or Southern Okanagon de Washington, p. 133-182. General Series in Anthropology, n. 6 (Contributions from the Laboratory of Anthropology, 2). Menasha, Wisconsin: Banta, 1938.

CLOUTIER, David. *Spirit, Spirit*: Shaman Songs, Incantations. Versões com base nos textos registrados por antropólogos. Providence, Rhode Island: Copper Beech Press, 1973.

COUSINS, Norman. *Anatomy of an Illness as Perceived by the Patient*: Reflections on Healing and Regeneration. Nova York: Norton, 1979.

CULIN, Stewart. Games of the North American Indians. *Bureau of American Ethnology Annual Report* 24, p. 29-809. Washington: Smithsonian Institution, 1907.

DEVEREUX, George. Dream Learning and Individual Ritual Differences in Mohave Shamanism. *American Anthropologist* 59, p. 1036-1045, 1957.

DIÓSZEGI, Vilmos. Tuva Shamanism: Intraethnic Differences and Interethnic Analogies. *Acta Etnographica* 11, p. 143-190, 1962.

DORSEY, George A. The Dwamish Indian Spirit Boat and Its Use. *Free Museum of Science and Art Bulletin*, Filadélfia, v. 3, n. 4, p. 227-238, 1902.

EELLS, Myron. The Twana, Chemakum, and Klallam Indians, of Washington Territory. *Annual Report of the Smithsonian Institution for Year Ending* 1887, Part I, p. 605-681. Washington, 1889.

ELIADE, Mircea. Shamanism: Archaic Techniques of Ecstasy. *Bollingen Series 76*. Nova York: Pantheon, 1964. Revisado e ampliado a partir da edição original francesa de 1951.

ELKIN, A. P. Aboriginal Men of High Degree. *The John Murtagh Macrossan Memorial Lectures for 1944*, University of Queensland. Sydney: Australasian Publishing, 1945.

ELKIN, A. P. *Aboriginal Men of High Degree*. 2. ed. Nova York: St. Martin's Press, 1977.

FOSTER, George M. Nagualism in Mexico and Guatemala. *Acta Americana* 2, p. 85-103, 1944.

FRACHTENBERG, Leo J. Eschatology of the Quileute Indians. *American Anthropologist* 22, p. 330-340, 1920.

FURST, Peter T. The Roots and Continuities of Shamanism. Artscanada, n. 184-187. Edição de trigésimo aniversário, *Stones, Bones and Skin: Ritual and Shamanic Art*, 1973/1974, p. 33-60.

FURST, Peter T. (ed.). *Flesh of the Gods*: The Ritual Use of Hallucinogens. Nova York: Praeger, 1972.

GAYTON, A. H. The Orpheus Myth in North America. *Journal of American Folklore* 48, p. 263-293, 1935.

GOULD, Richard A. *Yiwara*: Foragers of the Australian Desert. Nova York: Scribner's, 1969.

HAEBERLIN, Herman K. SBeTeTDA'Q, a Shamanistic Performance of the Coast Salish. *American Anthropologist*, v. 20, n. 3, p. 249-257, 1918.

HALIFAX, Joan (ed.). *Shamanic Voices*: A Survey of Visionary Narratives. Nova York: Dutton, 1979.

HARNER, Michael J. The Sound of Rushing Water. *Natural History*, v. 77, n. 6, p. 28-33, 60-61, 1968.

HARNER, Michael J. *The Jívaro*: People of the Sacred Waterfalls. Garden City: Doubleday/Natural History Press, 1972.

HARNER, Michael J. The Sound of Rushing Water. In: HARNER, Michael J. (ed.) *Hallucinogens and Shamanism*, p. 15-27. Nova York: Oxford University Press, 1973a. Publicado originalmente em 1968.

HARNER, Michael J. The Role of Hallucinogenic Plants in European Witchcraft. *In*: HARNER, Michael J. (ed.) *Hallucinogens and Shamanism*, p. 125-150. Nova York: Oxford University Press, 1973b.

HARNER, Michael J. (ed.). *Hallucinogens and Shamanism*. Nova York: Oxford University Press, 1973c.

HOWITT, A. W. *The Native Tribes of South-East Australia*. Londres: Macmillan, 1904.

HULTKRANTZ, Ake. A Definition of Shamanism. *Temenos* 9, p. 25-37, 1973.

HULTKRANTZ, Ake.. *The Religions of the American Indians*. Traduzido por Monica Setterwall a partir da edição sueca de 1967 e revisado. Berkeley e Los Angeles: University of California Press, 1979.

JILEK, Wolfgang G. *Salish Indian Mental Health and Culture Change*: Psychohygienic and Therapeutic Aspects of the Guardian Spirit Ceremonial. Toronto e Montreal: Holt, Rinehart and Winston of Canada, 1974.

JOCHELSON, Waldemar. Religion and Myths of the Koryak. *Memoirs of the American Museum of Natural History*, v. 10. Leiden: E. J. Brill; Nova York: G. E. Stechert, 1905.

KATZ, Richard. Education for Transcendence: !Kia-Healing with the Kalahari !Kung. In: LEE, Richard B.; DEVORE, Irven (ed.) *Kalahari Hunter-Gatherers*: Studies of the !Kung San and their Neighbors, p. 281-301. Cambridge: Harvard University Press, 1976a.

KATZ, Richard. The Painful Ecstasy of Healing. *Psychology Today*, dez., p. 81-86, 1976b.

KELLY, Isabel. Coast Miwok. *In*: HEIZER Robert F.; STURTEVANT, William C. (ed.) *Handbook of North American Indians*, v. 8, Califórnia, p. 414-425. Washington: Smithsonian Institution, 1978.

KENSINGER, Kenneth M. Banisteriopsis Usage Among the Peruvian Cashinahua. *In*: HARNER, Michael J. (ed.) *Hallucinogens and Shamanism*, p. 9-14. Nova York: Oxford University Press, 1973.

KROEBER, A. L. Handbook of the Indians of California. *Bureau of American Ethnology Bulletin* 78. Washington: Smithsonian Institution, 1925.

LA FLESCHE, Francisco. The Osage Tribe: The Rite of Vigil. *Bureau of American Ethnology*, 30th Annual Report, 1917-1918, p. 31-630. Washington: Smithsonian Institution, 1925.

LAME DEER, John (Fire); Richard Erdoes. *Lame Deer*: Seeker of Visions. Nova York: Simon e Schuster, 1972.

LEHTISALO, Toivo V. Entwurfeiner Mythologie der Jurak-Samojeden. *Mémoires de la Société Finno-Ougrienne*, 53. Helsinque, 1924.

LESSER, Alexander. *The Pawnee Ghost Dance Hand Game*: Ghost Dance Revival and Ethnic Identity. Madison: University of Wisconsin Press, 1978. Publicado originalmente em 1933.

LEVI, Jerome Meyer. Wii'ipay: The Living Rocks-Ethnographic Notes on Crystal Magic Among some California Yumans. *Journal of California Anthropology*, v. 5, n. 1, p. 42-52, 1978.

LEWIS, I. M. *Ecstatic Religion*. Harmondsworth: Penguin, 1971.

LOEB, Edwin M. Pomo Folkways. *University of California Publications in American Archaeology and Ethnology*, Berkeley, v. 19, p. 149-405, 1926.

LOWIE, Robert H. *Primitive Religion*. Nova York: Grosset and Dunlap, 1952. Publicado originalmente em 1924.

LUDWIG, Arnold M. Altered States of Consciousness. *In*: TART, Charles T. (ed.) *Altered States of Consciousness*. 2. ed. Nova York: Anchor/Doubleday, 1972. p. 11-24.

MANDELL, Arnold J. The Neurochemistry of Religious Insight and Ecstasy. *In*: BERRIN, Kathleen (ed.). *Art of the Huichol Indians*, p. 71-81. Nova York: Fine Arts Museums of San Francisco/Harry N. Abrams, 1978.

MCGREGOR, John C. *Southwestern Archaeology*. Nova York: John Wiley, 1941.

MERRIAM, Alan P. The Hand Game of the Flathead Indians. *Journal of American Folklore 68*, p. 313-324, 1955.

MIKHAILOWSKII, V. M. Shamanism in Siberia and European Russia. *Journal of the Royal Anthropological Institute of Great Britain and Ireland* 24, p. 62-100, 126-158, 1894. Traduzido a partir do original russo, publicado em 1892.

NEHER, Andrew. Auditory Driving Observed with Scalp Electrodes in Normal Subjects. *Electroencephalography and Clinical Neurophysiology*, v. 13, n. 3, p. 449-451, 1961.

NEHER, Andrew. A Physiological Explanation of Unusual Behavior in Ceremonies Involving Drums. *Human Biology*, v. 34, n. 2, p. 151-160, 1962.

NEQUATEWA, Edmund. *Truth of a Hopi*. Flagstaff, Arizona: Northland, 1967. Publicado originalmente em 1936, como *Museum of Northern Arizona Bulletin 8*.

OSWALT, Robert L. Kashaya Texts. *University of California Publications in Linguistics*, v. 36. Berkeley e Los Angeles, 1964.

PARK, Willard Z. Paviotso Shamanism. *American Anthropologist*, v. 36, p. 98-113, 1934.

PARK, Willard Z. Shamanism in Western North America: A Study of Cultural Relationships. *Northwestern University Studies in the Social Sciences*, n. 2. Evanston e Chicago: Northwestern University, 1938.

PERI, David; WHARTON, Robert. *Sucking Doctor – Second Night: Comments by Doctor, Patient, and Singers*. Manuscrito não publicado.

POPOV, A. A. How Sereptie Djaruoskin of the Nganasans (Tavgi Samoyeds) Became a Shaman. *In*: DIÓSZEGI, V. (ed.). *Popular Beliefs and Folklore Tradition in Siberia*, p. 137-145. Edição revisada e traduzida para o inglês por Stephen P. Dunn. Indiana University Publications, Uralic and Altaic Series, v. 57, Thomas A. Sebeok, ed. Bloomington: Indiana University, e The Hague: Mouton, 1968.

PORTA, Giovanni Battista. *Natural Magick*. Traduzido da edição italiana expurgada de 1589, com base na ed. alemã de 1562. Reprodução da edição inglesa de 1658. Nova York: Basic Books, 1658. 1957.

RASMUSSEN, Knud. Intellectual Culture of the Iglulik Eskimos. Report of the Fifth Thule Expedition 1921-24, v. 7, n. 1. Copenhague: Gyldendalske Boghandel, Nordisk Forlag, 1929.

RAY, Verne F. *Primitive Pragmatists*: The Modoc Indians of Northern California. Seattle: University of Washington Press, 1963.

REICHEL-DOLMATOFF, Gerardo. *Amazonian Cosmos*: The Sexual and Religious Symbolism of the Tukano Indians. Traduzido do espanhol pelo autor a partir da edição original, de 1968. Chicago: University of Chicago Press, 1971.

REINHARD, Johan. Shamanism and Spirit Possession. *In*: HITCHCOCK, John; JONES, Rex (ed.) *Spirit Possession in the Nepal Himalayas*, p. 12-18. Warminster: Aris and Phillips, 1975.

SHIROKOGOROFF, S. M. *Psychomental Complex of the Tungus*. Londres: Kegan Paul, Trench, Trubner, 1935.

SIMONTON, O. Carl; MATTHEWS-SIMONTON, Stephanie; CREIGHTON, James. *Getting Well Again*: A Step-by-Step Self-Help Guide to Overcoming Cancer for Patients and Their Families. Los Angeles: J. P. Tarcher; Nova York: St. Martin's Press, 1978.

SOUSTELLE, Jacques. *Daily Life of the Aztecs on the Eve of the Spanish Conquest*. Traduzido do francês por Patrick O'Brian. Harmondsworth: Penguin, 1964.

SPENCER, Walter Baldwin; GILLEN, F. J. *The Arunta*: A Study of a Stone Age People. 2. v. Londres: Macmillan, 1927.

SPOTT, Robert; KROEBER, A. L. Yurok Narratives. *University of California Publications in American Archaeology and Ethnology* 35, p. 143-256. Berkeley e Los Angeles, 1942.

STANNER, W. E. H. The Dreaming. *In*: LESSA, William A.; VOGT, Evon Z. (ed.) *Reader in Comparative Religion*: An Anthropological Approach. 2. ed. Nova York: Harper and Row, 1965. p. 158-167. Originalmente publicado em 1956 no *Australian Signpost* (T. A. G. Hungerford, ed.), p. 51-65. Melbourne: F. W. Cheshire.

STEWART, Kenneth M. Spirit Possession in Native America. *Southwestern Journal of Anthropology* 2, p. 323-339, 1946.

SVERDRUP, Harald U. *With the People of the Tundra*. Oslo: Gyldendal Norsk Forlag, 1938.

SWANTON, John R. Tlingit Myths and Texts. *Bureau of American Ethnology Bulletin* 39. Washington: Smithsonian Institution, 1909.

TEIT, James. The Thompson Indians of British Columbia. Anthropology 1, the Jesup North Pacific Expedition. *Memoirs of the American Museum of Natural History*, Nova York, 1900, v. 2, n. 4.

VASTOKAS, Joan M. The Shamanic Tree of Life. *Artscanada*, p. 184-187, 1973/1974. Edição de trigésimo aniversário, *Stones, Bones and Skin: Ritual and Shamanic Art*, p. 125-149.

WAGLEY, Charles. *Welcome of Tears*: The Tapirapé Indians of Central Brazil. Nova York: Oxford University Press, 1977.

WALLACE, Anthony F. C. Dreams and Wishes of the Soul: A Type of Psychoanalytic Theory Among the Seventeenth Century Iroquois. *American Anthropologist*, v. 60, n. 2, p. 234-248, 1958.

WARNER, W. Lloyd. *A Black Civilization*: A Social Study of an Australian Tribe. Edição revisada. Nova York: Harper, 1958.

WATERMAN, T. T. The Paraphernalia of the Duwamish 'Spirit--Canoe' Ceremony. *Indian Notes*, Museum of the American Indian 7, p. 129-148, 295-312, 535-561, 1930.

WEISS, Gerald. Campa Cosmology. *Ethnology*, v. 11, n. 2, p. 157-172, 1972.

WEISS, Gerald. Campa Cosmology. *Anthropological Papers of the American Museum of Natural History*, v. 52, n. 5, p. 219-588, 1975.

WIKE, Joyce A. *Modern Spirit Dancing of Northern Puget Sound*. Dissertação de mestrado em Antropologia, Universidade de Washington, Seattle, 1941.

WILBERT, Johannes. Tobacco and Shamanistic Ecstasy Among the Warao Indians of Venezuela. *In*: FURST, Peter T. (ed.). *Flesh of the Gods*: The Ritual Use of Hallucinogens. Nova York: Praeger, 1972. p. 55-83.

WILBERT, Johannes. The Calabash of the Ruffled Feathers. *Artscanada*, n. 184-187, 1973/1974. Thirtieth Anniversary Issue (Edição de 30° aniversário), *Stones, Bones and Skin: Ritual and Shamanic Art*, p. 90-93.

WILSON, Norman L.; TOWNE, Arlean H. Nisenan. *In*: STURTEVANT, William C.; HEIZER, Robert F. (ed.) *Handbook of North American Indians*, v. 8, Califórnia, p. 387-397, 1973/1974. Washington: Smithsonian Institution, 1978.

WITTKOWER, E. D. Trance and Possesssion States. *International Journal of Social Psychiatry*, v. 16, n. 2, p. 153-160, 1970.

ÍNDICE REMISSIVO

!Kung (povo bosquímano), 65, 94n, 195-96
"Se Pa Po Nah", 68

A

Aborígenes australianos, 65, 93, 94, 103, 158
    e cristais de quartzo, 62
    e dormir, 125-26
    e entrada para o Mundo Inferior, 65
    e espíritos guardiões, 85, 122, 123
    e médicos, 200
    trabalho remoto por, 158
Adivinhação, 87, 150, 179
África, 65, 195
Ajudantes espirituais, 86, 88, 98, 147, 166, 168, 171-73, 176, 178, 180
Akachu, 45-47, 50-52, 54
Amazônia. *Ver* Shipibo-conibo (povo indígena)
Animais com presas, 132, 134, 146, 176
Animais de poder, 85, 103-18, 128, 145.
    Ver também espíritos guardiões
Animais, 103, 108, 110, 114, 128, 145-46, 149, 161, 171
Animal tonal, 111
Apostas: no jogo do osso, 159-64
Armadilhas de fumo, 191-93
Arunta (povo aranda), 65, 106
Árvores, 27, 65, 140-41
Assobiar (prática de), 130
Aua, 62
Auréola, 62-63
Ayahuasca, 10, 12, 36-37, 42-43, 55-57, 62, 123

B

Bellacoola (povo indígena), 67
Benedict, Ruth F., 85
Bíblia, 41

Bola de cristal, 167
Brasil, 122
Budismo tibetano, 70-71
Budismo, 70-71

C

Califórnia (povos indígenas da), 57, 67, 106, 165, 168, 169. *Ver também* Parrish, Essie
Câncer, 199-200
Canções de poder, 98, 161
    e intrusões de poder, 124, 174-76, 185, 191, 200
    e recuperação do animal de poder, 121, 123, 158
    no jogo do osso, 161
Canoa espiritual, 120-21, 142, 144-45, 147, 178
Canoa, espírito, 120-21, 142, 144-45, 147
Cantar. *Ver* Canções de poder
Caribe (povos indígenas do), 95
Castaneda, Carlos, 20, 28
    e animal de poder, 105, 107, 110, 111, 117
    e cristais de quartzo, 168
    e realidade comum/incomum, 28, 61, 64, 78-79, 87, 90-91
Causalidade, 32
Caxinauá (povo indígena), 151
Cervo manco, *Ver Lame Deer*
Chepara (tribo), 64
Chocalhos, 94-95, 97-98, 108
    cristais de quartzo nos, 166
    e animais de poder, 135, 158
    e intrusões de poder, 174-76, 185, 191, 200
Chukchee (povo), 64, 101, 130
Clarividência, 87
Cline, Walter, 112
Cocopa (povo indígena), 105
Cognicentrismo, 28
Cristais de quartzo, 62, 164-70
Cristãos, 62, 164-69
Cura, 57, 25-26, 84, 157-58, 173-74, 186-90

D

Dakota do Sul, 57, 191
Dança, 98
    animal de poder, 107-110, 112-117, 135, 158
    e intrusões de poder, 185
Deitar-se, 122-23
Dentes, animal, 132, 134, 143, 146, 176, 190
Desanos (povo indígena), 121
Deuses Bestiais (dança), 108
Doença mental, 152
Dom Genaro, 107
Dom Juan, 33, 110, 117
Drogas, 20, 29, 31, 57, 107, 128. *Ver também* Ayahuasca

E

Eliade, Mircea, 22, 59-60, 62, 84, 93, 110, 174
Elkin, A. P., 94
Empirismo, 89
Entrada no Mundo Inferior, 60-71, 130

ÍNDICE REMISSIVO

Equador. *Ver* Shuar (povo indígena)
Escandinávia, 106
Escuridão, 36-39
Espíritos guardiões, 85-87, 111, 113, 117, 139, 142, 152. *Ver também* Animais de poder
Espíritos, 32. *Ver também* Espíritos guardiões; Ajudantes espirituais
Esquimós, 61-62, 64-66, 69-70, 80, 90, 106, 123
Estado Comum de Consciência (ECC), 27, 60, 64, 91, 99
Estado Xamânico de Consciência (EXC), 27, 60, 64, 88, 90, 107
    e animais de poder, 104, 105
    e cristais de quartzo, 164
    Ver também Jornadas xamânicas
Etnocentrismo, 28-29
EXC. *Ver* Estado Xamânico de Consciência
Experiências de morte/renascimento, 27
Êxtase, 31, 59-60, 91

F

Farnel medicinal, 164-65, 168
Finkelstein, David, 169
Flathead (povo indígena), 164, 213-18
Fontanela, 123, 135
Fundação para Estudos Xamânicos, 208

G

Galileu, 89, 106

Grandes Planícies (indígenas das), 111, 139, 149
Graus de transe, 93
Guayusa, 45

H

Hama-Utce, 89
Hopi (povo indígena), 67-69, 99
Huichol (xamãs do povo), 166
Hultkrantz, Ake, 91, 93

I

Iglulik (povo esquimó), 61-62, 63
Iluminação xamânica, 61-62, 166
Iluminismo, xamânico, 61-62, 166
Indígenas guatemaltecos, 111
Indígenas mexicanos, 117
Indígenas norte-americanos, 57, 93
    e canções de poder, 126-28, 135-38
    e cristais de quartzo, 165, 168, 169
    e curandeirismo, 175, 191, 195, 199
    e entrada para o Mundo Inferior, 65-68
    e espíritos guardiões, 8585, 104, 112; *passim*, 120-23, 135-48
    e jogo do osso, 159, 160, 164, 213
    e o uso do tambor, 74
    e sonhos, 154
    Ver também Esquimós
Indígenas sul-americanos, 94

e cristais de quartzo, 165, 166, 167
espíritos guardiões, 85; *passim*, 157-65
e médicos, 199
e sono, 152
previsão do futuro, 151
Ver também Shipibo-conibo (povo indígena); Shuar (povo indígena)
Indonésia, 121
Inquisição, 32, 84, 87, 106
Intrusões de poder, 174-76, 185

J

Jilek, Wolfgang G., 97
Jogo da estaca, 159, 213-15, 218
Jogo da mão, 159, 163, 213-18
Jogo do osso, 159-64, 167
Jogos, 159-64, 167, 213-18
Jornadas, xamânicas, 29, 65-68
    para consultas, 150
    em trabalhos remotos, 158
    exploratórias, 147
    e previsão do futuro, 151
    e intrusões de poder, 174-76, 185
    e canções de poder, 123
    para recuperar espíritos, 120, 122-23, 127, 136-67

K

Kabi (xamãs do povo), 167
Kachina (deuses), 109
Kattang (tribo), 95

Katz, Richard, 94n
Kensinger, Kenneth M., 151
Kivas, 67
Koryak (povo), 201
Kroeber, A. L., 186n

L

Lakota Sioux (povo indígena), 99-10, 191
Lame Deer, John (Fire), 177
Lapões, 93
Litomancia (adivinhação com pedras), 100
Lowie, Robert, 60
Ludwig, Arnold M., 94n

M

Macas (aldeia), 44-45
Maikua, 51-52, 112
Malásia, 121
Mandalas, 68
Manutenção da saúde, 200
Matthews-Simonton, Stephanie, 199
Medicina holística, 198
Merriam, Alan P., 213-18
Millie (missionária), 41-42
Missionários, cristãos, 43-44, 87
Miwok (povo indígena), 169
Mohave (mulher da tribo), 89
Montana, 164, 213
Morte, 157
Mundo Inferior. *Ver* Jornadas xamânicas
Murngin (povo), 153

Museu Americano de História Natural, 35

N
Nagual (animal), 86, 110-111
Natural Magick (livro de Giovanni Porta), 107
Natureza, 80
Navajo (reserva), 157
Neher, Andrew, 96
Nevada (tribos indígenas de), 160

O
Objetos de poder, 55, 164-65, 168
Oficinas de treinamento, 23, 200, 207
Okanagon (povo indígena), 104-112
Osage, canção (tribo indígena), 109
Oswalt, Robert L., 185

P
Paiute (povo indígena), 160
Parrish, Essie, 126, 175, 185-87
Paviotso (povo indígena), 160
Peito: espírito guardião no, 123, 126
Peru, 151. *Ver também* Shipibo-conibo (povo indígena)
Piripiri (suco da planta), 55
Plantas, 171-74, 176-77
Poção de fumo, 55, 57, 191
Pomo (povo indígena), 57, 67, 126
Pontos: no jogo do osso, 162-64
Porta, Giovanni Battista, 106-07
Prever o futuro, 154
Pueblo (pueblanos, povo indígena), 67-68, 108

R
Rasmussen, Knud, 65, 123
Reinhard, Johan, 94
Relativismo cognitivo, 29
Relativismo cultural, 29

S
Salish (povo indígena), 57
   e jogo do osso, 159, 213
   e percussão, 97
   e cura, 193, 195
   e animais de poder, 110, 121-22
Salish litorâneos. *Ver* Salish (povo indígena)
Sangay (vulcão), 44
Schweitzer, Albert, 197
Seleção natural, 29
Sevilla del Oro, 44
Sexo (gênero): e aptidão xamânica, 87
Shipibo-conibo (povo indígena), 27, 35-36, 43, 53, 57, 65, 89, 94, 121-22, 141
Shirokogoroff, S. M., 98
Shuar (povo indígena), 12, 32, 44-57, 91-92
   e auréola, 62
   e cristais de quartzo, 165, 167
   e espíritos guardiões, 85, 89-120 *passim*, 151, 153, 157-59
   e intrusões de poder, 191
   e médicos, 199
   e plantas ajudantes, 171

Simonton, O. Carl, 199
Sincronicidades, 141-43, 151
Sinkaietk (povo indígena), 149, 152.
    Ver também Okanagon (povo indígena)
Sioux (povo indígena), 57, 99, 100, 105, 177, 191
Sipapus (buracos), 67-68
Sonhos, 154-56
Sono, 152
Soyot (povo Tuva), 95
Spott, Robert, 186n
Stanner, W. E. H., 92
Stick Game Songs (Canções do Jogo da Estaca), 213
Sucção, 55-57, 175-76
Sucking Doctor (documentário), 175, 185

T
Tamarin, Josie, 202
Tambor, técnica de tocar o 95-98, 195, 201
    no jogo do osso, 163
    e plantas ajudantes, 172
    e animais de poder, 107-9, 113, 116, 120-21, 128-30, 133, 135, 144-47, 150
    e intrusões de poder, 178, 195
Tapirapé (povo indígena), 122
Tlingit (tribo), 108
Tomás, 36
Trabalho remoto, 158
Tsangu, 47-48, 50-52, 54
Tsentsak, 46, 54-57, 63, 191
Tsimshian (xamãs), 108, 125, 137, 168, 177, 198
Túnel, 65-70, 131-33, 176-78, 182-84
Tungue (povo), 97-98
Twana (povo), 65

U
Uchich Maikua, 112
Ugrianos, 93

V
Vale do rio Colorado, 105
Vastokas, Joan M., 68
Venezuela, 84
Viagem rápida, 30
Vodu (cultos), 110

W
Warao (povo indígena), 84, 153
Washington (estado dos EUA), 104, 149. Ver também Salish (povo indígena)
Wilbert, Johannes, 84
Wintun (povo indígena), 57
Wiradjeri (tribo), 62, 84, 106, 166

X
Xamanismo (Eliade), 84
Xamanismo europeu, 84, 85, 87, 107
Xamanismo familiar, 201-02
Xamanismo profissional, 201
Xamãs (do povo) paipai, 168
Xamãs da Ilha Fraser, 65
Xamãs do povo samoieda, 66-67,

147, 173, 176
Xamãs siberianos, 86, 84, 93, 95, 106, 173
    e canções poderosas, 202
    e entrada para o Mundo Inferior, 95, 173
    e espíritos guardiões, 85-86, 106
    e experiências de morte/renascimento, 24
    e o uso do tambor, 95, 98, 130
    e plantas, 173
    e previsão do futuro, 151
Xamãs tavgi samoiedas, 66, 147, 173
Xamãs wakka, 167
Xamãs yualai (euahlayi), 167
Xamãs yuman, 165, 168
Xamãs yurak samoiedas, 151

Y

Yaralde (tribo), 123
Yuki (povo indígena), 106

Z

Zuni (povo indígena), 67, 108, 107

AGRADECIMENTOS

Agradecemos a autorização para utilizar material protegido por direitos autorais das seguintes fontes: *Spirit, Spirit: Shaman Songs*, de David Cloutier. Copyright © 1973 de David Cloutier. Reimpresso com a permissão do autor e da Copper Beech Press. "The Hand Game of the Flathead Indians", de Alan P. Merriam. *Journal of American Folklore* 68, 1955. Copyright © 1955 da American Folklore Society. Reimpresso com permissão do autor e da American Folklore Society. Também quero agradecer a Bruce Woych e Karen Ciatyk, que me auxiliaram nas pesquisas, e ao meu editor, John Loudon, bem como à minha esposa, Sandra Harner, pelos conselhos.

SOBRE O AUTOR

Michael Harner (1929 – 2018), educador e antropólogo americano, criou no final dos anos 1970 a Fundação para Estudos Xamânicos, na Califórnia. Seus estudos comparativos de diferentes culturas xamânicas realizados na Amazônia, México, Estados Unidos e Canadá foram fundamentais para a popularização do xamanismo nas últimas décadas.

TIPOGRAFIA:
Happy Times [texto]
Circular [entretítulos]

PAPEL:
Pólen Natural 80 g/m² [miolo]
Couché Fosco 150 g/m² [capa]
Offset 150 g/m² [guarda]

IMPRESSÃO:
Gráfica Santa Marta [fevereiro de 2023]